U0114705

三十七夜

美國傳奇校長布克·華盛頓的人生箴言

（美）布克·T·华盛顿 著

肖王琰 饶春平 译

開明書店

目錄

❖

❖

譯者序

布克·T·華盛頓（Booker T. Washington，1856年－1915年），美國著名的政治家、教育家、演講家和作家，曾任塔斯基吉學院校長等職務，是美國黑人歷史上的重要人物之一。

本書由布克·華盛頓校長本人親自挑選的37篇談話稿編撰而成，他在塔斯基吉學院擔任校長的多年間，一直習慣於在星期天晚上，和學生們進行求真務實的、誠摯坦率的談話。這些談話內容是關於塑造他所屬種族品格的建議，非常有力地闡釋了如何才能培養與塑造品格。在這些談話中，他傾注了自己道德上的全部誠懇與真摯，展現了他寬博廣泛的常識與經驗，以及妙語連珠、流暢自如的口才。華盛頓校長的許多朋友都說，本書中的一些講話是他發表過的最精彩出色的演說。他們對於這些演講稿還有一個分外的興趣——它們展示了他工作時的真實狀態，呈現了塔斯基吉學院內部的生動景象。

譯者如今年過半百，人生也有了一點點閱歷，讀這些文字非常有共鳴。本書收錄的演說，發生在一百二三十年前的美

國，美國黑人剛剛獲得奴隸解放才二三十年，演講的對象是黑人學生。雖時過境遷，歷史的洪流滾滾向前，從時代背景、種族特性、地域國家方面來說，也似乎與現在的我們相差十萬八千里。但世上有些東西卻是永恆、共通的。放在當下，本書對我們的人生仍有非常重要的指導意義，也可以幫助我們了解美國的黑人發展歷史，了解一百多年前的美國人權、教育、經濟、生活等狀況。

姓名由來

　　布克‧T‧華盛頓是我們上一本譯著《大先生：從孔子到柏拉圖》中的第七位傳主。他的人生經歷非常傳奇、精彩！他一出生就帶着那個時代深深的烙印：黑人奴隸沒有地位、沒有自由、沒有財產、沒有教育。他出生於弗吉尼亞州富蘭克林縣，其父是白人奴隸主，不知姓甚名甚；母親是一名黑奴廚師，給農場工人做飯。所以小華盛頓從出生時起就是一名小黑奴，從小跟着母親長大。9歲時才獲得解放。

　　那時的黑奴沒有正式的姓氏與名字。與此類似，中國明朝的開國皇帝朱元璋出身卑微，大名朱重八，因為是八月初八出生的。後來闖蕩江湖，才遇高人指點，改名朱元璋。朱元璋的父親叫朱五四。剛剛脫離奴隸身份的黑人，終於可以自己做主給自己取名字了。他們很多都讓自己的姓名與大名鼎鼎的偉人掛鈎，比如管自己叫林肯、克雷之類的。小小的布克‧

華盛頓也不例外，給自己取了一個如雷貫耳的姓：華盛頓——美國獨立戰爭大陸軍總司令、美國首位總統的姓氏。而布克（Booker，即書本）這個名字，則是小伙伴們給他取的，因為他有個怪癖：老是愛不釋手地捧着一本碰巧撿到卻視若珍寶的破破爛爛的書，翻來覆去地看。

布克‧T‧華盛頓這個姓名取得恰如其分。布克，代表其畢生熱愛學習。而他的一生也不曾辱沒華盛頓這個姓氏。

如此看來追星一族，其實也有其可取之處，不能全部否定。我國漢代的四川小伙子司馬相如，幼時有個「響噹噹」的名字：司馬犬子。稍長，因仰慕戰國時期趙國名臣、政治家藺相如之為人，崇拜偶像，遂更名為相如。司馬相如果真處處以藺相如為榜樣。不僅文采了得，有名揚天下的《子虛賦》《上林賦》等詩賦，同時也是如藺相如一般的聰明能幹、有勇有謀的政治家。出使巴蜀、籠絡西夷，化干戈為玉帛，不辱君命，為漢武帝時開發西南邊疆作出巨大貢獻。

艱辛求學

黑奴得解放後，獲得自由身的布克‧華盛頓與母親、繼父和兄弟姐妹一起，舉家風餐露宿，徒步遷徙到西弗吉尼亞一家煤礦做工。小華盛頓 10 歲了，雖然打工兩年了，仍是文盲，數數只能從 1 數到 4……後來他立志要讀書，學習文化。這位小小童工每天干活 14 個小時到晚上 9 點，再趕去夜校學習。

　　再後來，無意中聽到漢普頓可以招收黑人讀書，16 歲的他辭別家人，口袋裏只有 3 美元，隻身一人，光腳徒步 500 英里，前往未知的漢普頓學院。唯一的一雙寶貝皮鞋不捨得穿。涉世未深、初出茅廬的他，被路遇的陌生人以 4 美元「買」走皮鞋：現付一毛錢，餘款到漢普頓再付清……然而過了四十多年，他再也沒見到那個陌生人來付皮鞋尾款！

　　忍飢捱餓、風餐露宿、櫛風沐雨、風塵僕僕，年輕的他終於成功抵達，並通過考驗，進入弗吉尼亞漢普頓師範和農業學院（現漢普頓大學）讀書，抓住了這一寶貴、難得的對黑人開放的教育機會！

辦學院

　　1881 年，年僅 25 歲的他擔負起重任，被聘任為阿拉巴馬州塔斯基吉學院的校長，直到 59 歲去世。這所學校，由身為黑人的他擔任首任校長、黑人老師授課、只收黑人學生。

　　當時雖然黑人獲得解放已經一二十年了，但他們的境況整體改善不大：文盲、無產、社會生存能力低下。甚至這種說法還甚囂其上：以前白人奴隸主是不用幹活的，黑人獲得解放後，也無需幹活！自由意味着不用工作！華盛頓校長出於強烈的種族責任感、歷史使命感，為提高黑人的生存能力、改善同胞的生活狀況、提升種族的教育水平及思想境界，用其畢生精力，四處奔波、大聲疾呼、籌款集資。他苦口婆心、循循善誘、諄諄勸誡，

終於讓塔斯基吉學院成功立足，並且辦學規模越來越大。學院籌辦的第一年，只募集到 2000 多美元，到他去世前，已經募集到數百萬美元之多，學校發展成為黑人工業教育學院的著名典範。

塔斯基吉學院為年輕的黑人男孩女孩提供了教育及知識，提供了許多實用的技術教育。這位偉大的教育家提出了發展黑人職業教育的思想，對促進美國黑人教育，尤其是黑人職業教育的發展有很大影響。他認為黑人更重要的是學會社會生存的本領與技藝。塔斯基吉學院有大片的土地與農莊，有自己的牛、豬、馬、雞、鴨、鵝和養蜂窩，有馬車坊、鋸木廠、製鞋店、裁縫店、印刷廠、洗衣店、罐頭廠，有成千上萬的桃樹、李樹、蘋果樹、莓果樹，和各種蔬菜。

華盛頓校長為了振興學校，促進白人和黑人之間的了解與交流，在全國發表過無數次演講，其中最著名的是 1895 年在亞特蘭大博覽會上的演說。這使他聞名全國，成為美國黑人的代言人。他和白人合作，幫助籌款創建數百個社區學校和高等教育機構，以提高美國南方黑人的教育水平。

除了在教育領域貢獻卓著之外，華盛頓校長還大力促進美國各種族之間的整體友誼和工作關係，在黑人政治中扮演了一個非常突出的角色。他的自傳《超越奴役》（ *Up From Slavery* ）於 1901 年首度出版，至今仍然廣為流傳。1940 年，華盛頓校長成為首名在美國郵票上出現的非裔美國人。而首個刻有美國黑人的硬幣，正是 1946 年美國鑄造的布克 · 華盛頓紀念五角硬幣。

辦學之路肯定不是一帆風順的，辦學期間，華盛頓校長受到了來自黑人同胞和白人的雙重責難：有白人指責他擴大塔斯基吉學院是為牟私利，搜刮錢財進自己的腰包，顯擺炫耀的學生成果都是偷偷找北方白人幹的，他是個暴君與獨裁者；黑人同胞們則認為想讓其他黑人幹活的黑人，不是他們的朋友，而是叛徒。但清者自清，謠言最終不攻自破。

本書提要

本書原版於 1902 年出版，內容包括心向光明、樂於助人、以身作則、信守諾言、勤儉節約等內容。

華盛頓校長在演講中激勵學生要提升自我、多做貢獻、無悔一生。

針對當時黑人周日一天便能把剛領的周薪揮霍一空和工作無恆心的狀況，他真誠呼籲黑人要學會儲蓄，積極攢錢買地置房，而抨擊居無定所的現象。這一思想與我國兩千多年前的孟子不謀而合。孟子説：「有恆產者有恆心，無恆產者無恆心。苟無恆心，放僻邪侈，無不為已。」沒有固定工作和收入，思想不穩，易違禮犯法、為非作歹。每個人應努力工作，積累財產，安居樂業；政府應努力營造政通人和、國泰民安的大環境。

針對有些黑人青年好高騖遠，一心想進國會當議員從政，而不是腳踏實地地學習社會生存技能的情況，華盛頓校長一針見血地指出：請先學會立足，把當下的學習與工作做到極致，才有可能一

步一個腳印向上走。他一再強調勞動光榮，工作無高低貴賤之分，只要能夠光明正大地靠自己的努力養活自己、服務他人、貢獻社會，都是值得尊重的！

有些黑人青年傾其所有打扮得花裏胡哨，身穿奇裝異服，佩戴低俗豔麗的飾品，招搖過市。往臉上塗粉美白，穿小兩碼的鞋子「削足適履」，自討苦吃。一星期只掙四美元的「土豪」小伙子，會大手大腳豪擲兩三美元來租車帶女生去兜風……這些讀來令人忍俊不禁，恍如穿越。有些現代青年，又何嘗不是如此呢？追逐一些浮淺迷離、徒有其表的東西。省吃儉用，只為買一名牌包包以抬「身價」；美白產品大行其道，摒棄自然健康之美……果真陽光之下無新鮮事。華盛頓校長語重心長地建議年青人不要捨本逐末，最需要充實的，首先是大腦。頭腦充實了，知識、智慧、思維具備了，靚衫、尊嚴、敬重都會是水到渠成、順理成章的結果。

一百多年前，美國黑人的教育狀況，讀來確實觸目驚心、難以置信！廣袤的美國南方，黑人學校少得可憐，政府撥款極少，教師極度缺乏。即便有了學校，一年也僅開學三個月……當時黑奴解放僅二十多年。華盛頓校長四處奔走，大聲疾呼，為了辦學四處籌資。呼籲學生畢業後到廣大的農村中去，鼓勵他們去當老師，自己籌辦學校，紮根社區。他耐心細緻、苦口婆心、手把手地教導學生，怎麼籌辦學校，怎麼取得民眾支持，怎麼自立更生等等。譯者讀罷不由為他的滿腔熱忱所深深感動、熱淚盈眶！十年樹木，百年樹人。華盛頓的心血沒有白費，一百多年過去，

塔斯基吉湧現了很多傑出人物，為社會輸送了很多人才。遍佈教育、科技、醫療、農業等領域。二戰中的塔斯基吉飛行員打破了歷史，打破了種族歧視，破除了鼓吹黑人不適合需要勇敢、機敏特質的戰鬥的偏見。

華盛頓校長傾注畢生精力，投入到黑人教育中去，提高黑人種族素質，碩果纍纍，影響深遠，也啟發我們更重視教育作用，更關注教育。教育是一個家庭的未來，更是一個民族的未來，對於我們中華民族偉大復興具有決定性的意義。少年智則國智，少年強則國強。抓好教育、少年自強！

本書各篇演講字字珠璣、激情澎湃、振奮人心，值得細細品讀，精彩之處不一一列舉。這些充滿力量的文字，能深深地觸及我們的內心，閱讀本書能帶給讀者享受和慰藉，幫助讀者尋找到人生的寶藏。

譯者

於深圳塘朗山麓

　　若干年前，當塔斯基吉師範和工業學院規模還非常小時，只有幾十名學生和兩三位老師，我就開始了現在所謂的與學生和老師進行「周日夜談」的習慣。這些講話往往是對話聊天的語氣，與我在家裏壁爐邊，和自己的孩子談話的方式差不多。隨着學院逐年發展壯大，朋友們建議應該保存這些講話。因此在過去幾年里，它們已經以速記的方式被報道了。出於出版本書的目的，內容稍有修改。非常感激我的祕書埃米特‧斯科特先生和馬克斯‧班內特‧斯拉瑟先生幫助我修改以適合出版；以及托馬斯‧福瓊先生對這些講話應以圖書形式出版的中肯建議。

　　在這些演講中，我試圖一周又一周地，與我們的學生、老師和訪客推心置腹、開誠佈公，進行心與心的交流，談論他們在南方日常生活中遇到的種種困難和問題。在發表演講方面，最令我大受鼓舞的是，學生、老師和訪客一直的密切關注與重視，以及他們向我表示從中獲益良多，幫助很大。

　　在過去的四年裏，這些演講每周都發

表在校報上。校報的名稱為《塔斯基吉學生報》，在我們的畢業生和南方的其他人中廣泛傳播。因此，在周日晚上和我們的學生交談時，我覺得某種程度上，我也是在和南方的很大一部分有色人種促膝談心。如果這些談話中，能有為更廣泛的受眾關注或服務之處，我將覺得為此付出的任何努力都非常值得。

布克‧T‧華盛頓

於阿拉巴馬州塔斯基吉

生活的兩面性

　　眾所周知，生活是多姿多彩、豐富多樣的。而今晚，我只想和大家談一談生活的兩個方面：光明的一面，與黑暗的一面。

　　生活的這兩面：黑暗的一面，和光明的一面。或曰：令人沮喪消極的一面，和令人歡欣鼓舞的一面——可能會體現在大家的思想、言語和行動上。生活，它會呈現出這兩種截然不同、涇渭分明的面貌，而人，也會表現為相應的迥然相異的兩種人。有一種人，夜以繼日、持續不斷地訓練自己，去杞人憂天般、目不轉睛地緊盯生活那灰暗慘淡的一面；而另一種人，則有意或無意地，持之以恆地訓練自己，去關注和享受生活中光明美好的一面。

　　然而，無論從哪方面看，過於偏激極端都是不明智的。老是死死盯着生活黑暗慘淡的那一面的人，很可能會行差踏錯。但讓自己光顧着看生活的光明美好，而全然忘記生活的灰暗，同樣會有疏忽過失。

　　總而言之：這世上，才幹卓著、德才兼備、成就斐然、報效社會、建豐功偉績者，他們總能發現，並欣賞生活光明美好的一面。同樣地，他們也會不斷關注並接納生活陰暗慘淡的另一面。

　　倘若有這麼一個早晨：一個烏雲密佈、潮乎乎、濕漉漉、

雨潺潺、令人生厭的早晨。有兩人，同時在這樣的早晨醒來，起牀。其中一個，可能會喋喋不休、絮絮叨叨：唉！這個早晨，灰暗的天空，是多麼的陰鬱沉悶；屋前那些黏搭搭、滑溜溜的泥巴與水坑，是多麼地令人討厭；連綿不斷、沒完沒了的雨，是多麼地可惡煩人……以及所有這些讓人憂鬱不悅的事。而另外一個人，卻屬於一向引導自己去關注生活中更光明美好、欣喜愉悅的一面的人，面對此情此景，很可能就會喜悅地開口道：晶瑩透亮的雨滴，是多麼的美麗可愛；剛剛沐浴雨水後的花草樹木，是多麼的清新滋潤、生機勃勃！儘管事物也會呈現出陰鬱沉悶的一面，他還是能在戶外的景物中，發現一些趣味盎然、賞心悅目的東西。即便是遇上陰晦灰暗的早晨，他也能敏銳地捕捉到喜悅與歡欣。

假如，我們看到這兩人正在用早餐。也許他們發現麵包卷做得不盡人意，難以下咽，但咖啡味道還不錯。如果麵包卷真是糟糕，面對這種情況，我們若能養成一個好習慣，將受益匪淺！這個好習慣，就是讓自己，忽略麵包卷是多麼地難以下咽；讓自己的思想，聚焦停留到美味可口、稱心快意的咖啡上來。甚至還可以提請桌旁的鄰座留心到杯中咖啡是多麼的香醇味美。這種引導自己的方式結果如何呢？你將會成長為人們喜聞樂見、願意接近的人！當困難重重的黑暗時刻來臨，一切都似乎令人心灰意冷、沮喪消沉時，人們會樂意前來找你，尋求你寶貴的鼓勵與支持。

同樣地，當你走進教室聽課時，可能會看到老師犯的一些錯誤，或者發現老師在講課中出現一些問題，對此你不必糾纏不

休。人非聖賢，孰能無過？所有的老師，都會偶爾犯錯。當一位老師犯了錯誤時，會坦誠直率地說「我錯了」，或說「我不懂」，那這位老師一定是位好老師，一位聰明睿智、傑出優秀的老師，一個品性完美的人！這世上，沒有哪位老師能夠對每一門課都精通了解、研究透徹。一位好老師，會坦率而清楚地說：「我不懂。我無法回答這個問題。」

同學們，我現在就想告訴你們，當你們從這裏畢業，自己也成為一名光榮的老師，你們中的很大一部分人都將會成為老師，如果有學生問你問題，而你答不出來。或者學生問的問題你不太了解，甚至一無所知，你最好坦率和誠實地說：「我回答不了你的問題。」因為你的坦率和誠實，你的學生將會更加尊敬你。教育，不是往學生的腦袋瓜裏硬塞東西，而是引導學生去尋找、探索、研究、琢磨，才能找到的東西。

丹尼爾·韋伯斯 [1] 特曾說過：真正受過教育的人，不是頭腦中堆砌了囊括一切的知識，無所不知、無所不曉的人。而是那種隨時想要任何信息，就知道去哪裏尋求這些信息的人。每一個渴望成功的人士，都必須明白這個準則。經過努力修煉學習，明白要去哪裏了解事實，探索知識，解決問題；而不是試圖訓練自己，把所有的事實與知識，一股腦兒都塞到大腦裏。

同學們，當我們離開這所學院時，已經訓練有素，業務精

1　丹尼爾·韋伯斯特（Daniel Webster，1782－1852 年），美國著名的政治家、法學家和律師，曾三次擔任美國國務卿，並長期擔任美國參議員。

通，獲得了專業方面的長足發展。我希望，你們將不斷地尋求生活中，光明輝煌的、鼓勵人心的，和美麗精彩的事物。通常來說，軟弱膽怯的人，才會不斷地提請人們注意生活中的那另一面，那些灰暗陰鬱、令人沮喪的事。

我鄭重地再次重申：當你走進教室時，請將你認為你發現的任何弱點與缺陷，統統拋諸腦後。記住，並請牢記在心：你對課程已經作了充分的思索考慮，做了周到、精心的備課，並將以真誠的熱情去上好這堂課。請嘗試去回想和記憶你觀察到的每一件美好事物，和每一件令人振奮鼓舞的事，無論是在教室裏，還是在商店中，還是在田野上。無論身處何方，都要緊緊抓住你接觸到的一切令人歡欣鼓舞、賞心悅目、喜氣洋洋的事。

有些學生形成了一種非常不幸的習慣，對於老師的個性，他們不斷地找茬挑刺、求全責備、吹毛求疵，或者只看到學生自認為的老師的瑕疵與不足。這些學生應該迷途知返，反其道而行之，嘗試進入另一種心態：不斷地發現並呼籲大家注意觀察到的，老師在生活和工作中做得好的、幹得漂亮的事。

逐漸養成談論生活中光明美好的一面的習慣。你接觸同學、老師或任何人，或寫家信，要養成習慣，讓大家注意生活中的賞心悅目、美好精彩、引人入勝之處。與此同時，你會發現，你不僅向正確的方向推動自己，也會同樣地影響和推動他人。而常年不斷地喜怒無常、垂頭喪氣、消極氣餒，離你十尺距離便會令人不悅，痛苦不堪，這是一個非常惡劣的習慣。

有些人固執己見、持續不斷地緊盯生活黑暗的一面，除了那

一面，他們什麼都視而不見、聽而不聞。口出之言都令人不快，大煞風景，使自己周圍一片愁雲慘霧，使自己接觸的每個人都心生煩悶苦惱。這樣的人肯定是不受歡迎的。這就是為什麼，有時我在路上偶遇某些人，他們會讓我唯恐避之不及，想飛快穿越到馬路的另一邊，以免與其相遇。我不想再聽他們，嘮嘮叨叨那些痛苦和悲慘的陳年舊事。我的耳朵早已起繭，我已經聽過這些慘兮兮的故事很多遍了，所以不願意再次進入這些祥林嫂式的悲慘愁苦氣氛中。

人們往往很容易走到錯誤的方向，影響感染他人，並演變成一種情緒低落的、找茬挑刺兒的傾向。他們不僅搞得自己痛苦難過，還使得周邊的每個人都痛苦不堪。經常沉浸在找茬挑刺兒氛圍中的人，他們只看到生活的黑暗一面，過着消極頹喪的悲慘人生。他們永遠不會奮勇前進、永遠不會鬥志昂揚、生機勃勃地往前沖。他們完全生活在消極頹廢的一面。作為學生，你們絕對不能接受以這樣的一種方式去成長。

我們期待，你們中的每一位，步出校門後，不變成一股消極負面的力量，而要成為這個世界上，一股強大有力、積極向上、朝氣蓬勃、大有裨益的力量！但如果你的性格喜怒無常、消沉沮喪、長吁短歎、吹毛求疵，你將辜負我們的殷切期望。你們要竭盡全力地挖掘潛能，將自己的才幹發揮到極致，全身心地充滿着希望與信念，甩開臂膀邁步走向這個世界！堅信自己將不負眾望，達成目標，圓滿完成任務！

養成緊盯生活黑暗一面的壞習慣的人，十有其九，將會是

碌碌無為的無名小輩。他們是可憐兮兮、倒霉透頂的家伙，是思想、心靈和目標，都軟弱不堪的可憐蟲。而那些養成好習慣，關注生活的光明美好者，呼籲號召發現生活中美麗精彩、歡欣鼓舞的事物的人，十之八九都是堅強剛毅之人，世人會向其靠攏，向其尋求聰慧睿智的建議與支持。

　　我努力地讓你們明白，作為學生，你們要能夠敏銳捕捉到，生活中至善至美的東西，不要滿足於，生活中那些廉價低劣的二手或三手的貨色。要讓自己置身於積極上進、美好舒暢的氛圍中，掌握並緊抓住生活中最崇高無上、最美麗高貴的事物，永遠不要沾沾自喜、自鳴得意、固步自封、因循守舊。

樂於助人

在我們這樣的一所學院裏，我覺得有一些最基本的東西，你們最好永遠要放在首位。

這所學院的存在，並不只是為了你一個人的教育，也不是完全為了你一個人的舒適和幸福，儘管這些東西也很重要，我們也牢記在心。我們可以傳授給你智慧、手藝和心智的力量。我們以這些方式幫助你，反過來，你也可以同樣幫助他人。我們幫助你，是為了讓你將來可以幫助別人。如果你從學院走出去，進入社會之後，並不這樣做，那麼我們在這裏的所有工作，都是白花力氣、枉費時日、徒勞無功。

你們會驚訝地發現，自己在這裏承擔的費用非常之少。基於這一事實，學院的原則是：作為學院接收基金的受託人，對於那些我們認為將來走出校門後不會幫助別人的學生，我們無權把他們收留在這裏。如果有學生不夠強大，沒有能力走出校門後幫助他人，我們也無權把他們收留在學院。我們學院的目標與宗旨，就是為了教育好你們，讓你們變得能幹、強大、智慧、有能力幫助別人。

如果你在這裏還需要支付寄宿費用和學費，還有燃料和燈的錢，那情況可以另當別論。但只要事實上你支付的費用比例如此

之少，我們就必須牢記一個事實：即不管我們多麼同情某位學生，我們也無權收留他們。除非該生能夠幫助他人，做一些好事。每個年輕小伙子，或是年輕女孩子，都應該感受到，自己在這裏是受益於捐資贊助的，這裏的每一天都是神聖的，每一天都屬於我們的種族。我們的畢業生，我們大多數從這裏走出去的學生，都有着無私奉獻的精神，哪怕剛開始薪水微不足道，哪怕工作的地方不是那麼舒適愜意，哪怕工作條件令人沮喪和大失所望，他們也願意走出校門去工作與做事。我們相信，這種奉獻精神，將繼續在這所學院中生根發芽。我們的學生，將持續不斷地從這裏走出去，並促使社會上的其他人，也變得更奮發圖強、強大有力、更益國利民。

自己足夠強大，才能夠幫助別人。大家注意到了，學院的課程分為三個方向：勞動勞作、學術培訓、以及道德與宗教訓練。我們希望留在這裏的學員，能夠保持健壯強大，並讓自己在這三個方向上都能有所成效，有所建樹，都能學會成為優秀而堅定的引領者。

有些人在被明確指示去做事時，也能夠將此事做好，但是這種人價值有限。這個世界上，有些人從不主動思考，從不自己主動籌劃任何事情，只會亦步亦趨、傻傻地等待別人告訴他要做什麼。這樣的人一文不值，輕如鴻毛。他們真的應該為自己呼吸的空氣支付租金，因為他們只會可恥地污染空氣，一無是處。我們不想要這樣亦步亦趨、人云亦云的人留在我們學院。我們需要的是善於思考籌謀的人，會自己做好一切準備的人。今天早上，我

注意到一件事情。在今天早上之前，側門的鉸鏈吱吱嘎嘎作響。看門人應該早就要注意到門出的這個狀況，並主動在鉸鏈上塗抹一些潤滑的油，而不是被動地，等着別人提醒。

今天早上，我還注意到另外一件事。在連續下了二十四小時的大雨之後，到處潮濕難受，泥濘不堪，沒有任何措施保護豬圈裏的豬，它們渾身全是泥巴。負責豬圈的人不應該坐等別人告訴他後，才去那裏放一些稻草做鋪墊，再在豬圈上方用木板搭個頂棚，以保持這些牲畜的乾燥清爽。負責養豬的人，不應該等着別人告訴自己要做這些事。我們這裏需要的人，不是那些被動坐等、守株待兔的人，而是會自己獨立思考、周詳計劃，並付諸行動的人。如果我們培養的人連豬圈都照顧不好，又怎能指望他日後能管好國家大事？

另外還有一件事，你們中的一些人負責維護好道路。如果今天早上，要是我能看到，小伙子們興致勃勃地在道路上工作，把乾燥細碎的鋸末屑，從這樓房一直鋪到大門口，我將會很高興！要是我能看到，他們放下一些木板，並安排好排水溝渠，保持路面乾爽清潔，我也會很開心！我們期待的就是這樣的人。我們想要的，是那些會主動思考琢磨諸如此類事情的人，而不是懶散被動，坐等別人指示的人。會主動思索的人，是唯一值得擁有的人。那些必須等待別人把思路、想法、做法，灌輸進他們頭腦的人，可以說是價值不大，廉價無比。而且，說白了，我們這裏不能留有這樣的人。我們熱切希望你們成為主動思索、勇於擔當的思考者與領導者！

　　前天晚上和昨天，我乘坐莫比爾與俄亥俄州鐵路公司 [1] 的火車，從聖路易斯旅行到蒙哥馬利。同一列火車上有一個年輕小伙兒，我估計不超過二十歲，最近被任命為公路特約貨運代理。他所有的談話聊天，三句話不離本行，都是圍繞着貨運的。他滿懷熱情地跟我聊貨運，跟其他人也是如此。他耐心細緻地到處問人，打聽有沒有貨物要託運。如果有的話，他會告訴他們，最好的選擇是由他們的莫比爾與俄亥俄州鐵路公司來承運。很可能有朝一日，那位積極肯幹、主動熱情的小伙子，將成為那家鐵路公司的貨運總代理；他甚至極有可能成為這家鐵路公司的總裁。但假如他整天坐下來，慵懶地打盹兒，睡大覺，並總是守株待兔，指望天上掉餡餅，坐等別人來找他諮詢運送貨物的最佳方式，你認為他能找到貨運的生意嗎？

　　你們要開始思考與籌劃。如果你不能學會思考，那麼，你將對自己或其他任何人都毫無價值。每隔一段時間，大約每三個月，我們要經歷一個學生「淘汰」的過程。今年，我們將使「淘汰」過程比以往任何時候都更加嚴格。我們必須淘汰掉這裏每一個思想脆弱、道德薄弱、努力不夠的學生。我們不能把無一項價值可取的學生留在這裏。你們必須認真檢查反思自己的價值所在。你不能白吃白喝，浪費資源，吃要有吃的價值，喝要有喝的價值，睡覺要有睡覺的價值。所以，如果你想要留下來繼續學

1　The Mobile and Ohio railroad：十九世紀美國南部的一家鐵路公司。

習，就得深思反省，自己到底能有什麼價值。

　　我希望，你們將來走到外面的世界去，不是為了享受輕鬆時光，而是為了做出奉獻、幫助他人。有很多人需要你們的幫助與奉獻。你可能會被要求犧牲很多東西。你可能不得不為微薄的薪水而工作；你可能不得不在令人不適的破舊建築裏教書；你可能需要在偏遠荒凉的地方工作，周圍的環境可能令人沮喪。當我談到，你們將來要走向的社會生活時，我並不會把你們只限制在教室裏。我相信，那些走出去成為農民的人，成為其他領域的領導者的人，以及成為教師的人，都將取得成功！

　　與我們這所學院有關的最激動人心、引人注目的事情，是我們的畢業生們正在創造的燦爛輝煌記錄。隨着學院規模的不斷增大，我們不願意丟失自我奉獻的精神傳統，我們不願意丟失學院畢業生及從這裏走出去的學生所展現出來的貢獻社會的精神傳統。希望你們熱心助人，希望你們不要自私地只為自己着想。你做的、讓別人感覺幸福的事情越多，作為回報，你就會得到越多的幸福。如果你想開心快樂，如果你想過上心滿意足的生活，如果你想過上真正幸福快樂的日子，就請幫助別人吧！當你感到不快樂、不開心，感到痛苦悲傷，去找到另外一個痛苦悲傷的人，對他做點善事好事，你將會發現你很開心，很快樂！這個世界上最可悲可憐之人，是心胸狹窄、鐵石心腸、冷酷無情的人。幸福快樂的人，是那些擁有偉大而寬廣胸懷的人。這樣的人，總是快樂而幸福的！

搬開前行路上的絆腳石

我確信，今晚我可以為你們提供一定程度的服務，來幫助你們預測即將到來的一年可能遇到的一些困難。「不要自尋煩惱」是一個可以尊崇、信奉的可靠人生格言，但未雨綢繆、防患未然，為困難做好充分準備的說法，同樣值得我們信賴依靠。

當然，你們所有人都意識到，在我們這裏，正好有這麼龐大的一個「機器」，當我這樣說起「機器」時，你會明白，我指的是我們學院。需要花費相當長的一些時間，才能讓它臻於完美、有條不紊、井然有序，或接近完美有序地運行。現在，我重申一遍：聰明有智慧的人，會未雨綢繆，居安思危，防患於未然。為未來可能出現的艱苦困難、消沉沮喪，和大雨滂沱的日子，提前做好種種應對準備。有智慧的人意志堅定，毫不懷疑：生活，不會全都是陽光燦爛，不會是快樂永恆。日常生活是實實在在、真真切切的，學校生活也是實實在在、真真切切的。在即將到來的學年當中，你們很可能會遇到許許多多的困難。如果可以，希望你們儘可能聰明理智地提前做好各種準備。

首先，你們中的許多人，將會對你們被分配到的班級，感到大失所望。普通人往往會自以為是，會覺得自己已經掌握的知識

遠遠超過他實際掌握的水平。也有人的的確確懂得的遠超自己自以為的水平，這樣的人實屬鳳毛麟角，極為罕見。當一個學生達到了真正懂得的東西遠超自己以為的水平的時候，那個學生就可以準備離開我們學院，光榮畢業了！我希望你們中，有很多人已經達到了這一高度。我再說一遍：在接下來的這一年，你們中的許多人，將會對你們被分配到的班級感到失望。

現在，我想給你們這個建議：在你去一所學校之前，研究檢查一下那所學校的入學手冊。學校手冊能為你提供有關這所學校的所有信息。查明它是否是你心儀就讀的學校。然後，你再下定決心，是否對它有足夠的、充分的信任，並選擇該學校，願意成為它的學生中的一員。在那之後，請選擇堅定信任那些地位在你之上的老師，他們擁有比你更為豐富的經驗，從而能夠就你的課程給你提供中肯恰當的建議。如果你認為以自己能力而言，你被分配進入的班級級別太低，你需要去聽一聽比你年長和受過更多教育的師長的意見和建議。

也許會讓你大失所望、想家心切的另外一件事情，是你將被分配到的宿舍房間。你會被分到你不喜歡的房間，它們可能不會像你希望的那樣有吸引力，或許它們會太過狹窄擁擠。你會遇到一些，你覺得不可能愉快相處、意氣相投的室友，那些人與你完全不合拍。在炎熱夏天的幾個月，你的宿舍高溫悶熱似火爐。而在寒冷的冬天，又冰冷酷寒如冰窖。你將在你的宿舍，遇到所有這些困難與麻煩。

　　要下定決心克服這些困難！我經常説，在我們這所學院的早期，那些在條件艱苦的宿舍裏度過了困難時期的學生，已經取得了輝煌、巨大的成功。與那些學生的簡陋宿舍相比，現在你們中的許多人，簡直就像住在豪華奢侈的宮殿裏。我相信，在這所學院就讀的學生會發現，我們學院每年都會比前一年條件更優越。

　　住宿設施逐年穩步改善，這就是我們所希望並期待的。年復一年，我們不會忘記，讓學生比往年享受更好的條件是我們的責任與義務，我們正在朝着這個方向穩步發展。但儘管如此，我們不可能做到所有想做的事情。

　　另外，還要下定決心面對，你會在宿舍裏遇到各種困難，這些困難可能是與你的室友相處、夏日酷暑炎熱、冬天嚴寒冰冷，以及宿舍樓的其他相關問題。但在所有這些事情上，請記住你來到這裏的崇高目標：接受教育與深造！讓這個想法進入你的身體和心靈，它會讓你成為一個遊刃有餘的主人，從容面對和掌控所有這些區區小事，這些細小而暫時的障礙與困難。

　　你們中的許多人，將會對這裏的伙食感到垂頭喪氣，覺得不如人意。儘管我們可能會努力去關心大家的膳食，但你們中的許多人，還是會在這方面感到大失所望。然而，這裏的教育將成為你餘生不可分割的寶貴的一部分，與此相比，一頓飯的意義是多麼地微不足道，一頓飯給你帶來的不便或為難，是多麼地不足掛齒。你千辛萬苦來到這裏，不是為了遂心如意的食物，不是為了豪華舒適的宿舍，也不是為了那些雞毛蒜皮的一

椿椿小事。而是為了讓一些彌足珍貴的東西，進入你的思想和心靈，讓你變得更美好，更強大！它將陪伴你一生，支持你一生，讓你終生受益！

你們中的一些人將會發現遵守規章制度非常地困難。有時，你要遵守的規章制度，你會認為是錯誤和不公正的。也許有時候，它確實不公平。在這方面，沒有任何機構是完美無瑕的。但我希望你從規章制度中學到這一課，學會遵紀守法和尊重權威總是最好的，儘管你認為是錯誤的規定，可能是以錯誤的情緒，或是錯誤的動機給到你的。你遵守校規校紀，要比不服從校規校紀好上十倍。即使是這樣的規章制度，你也最好服從，而不是養成蔑視規定、不尊重權威的壞習慣。

如果你想增加你的快樂，增強你品格的力量，請下定決心，首先要學會遵紀守法。如果在一分鐘或五分鐘內，你的一個同學被賦予了高於你的權威，那麼那個學生的命令應該是神聖不可違的。你應該像服從這個機構最高領導的命令一樣，迅速地服從他的命令。學會服從權威，並不丟人。文明的最高和最可靠的標誌之一是，一個民族學會了服從那些地位比他們高的人的命令。我想在這裏補充一點：我們學院這所機構的聲望與榮譽是，除了極少數例外，學生們一直願意並樂於尊重權威。

我希望，你們將會明白，遇到困難，處處碰壁，四面楚歌，舉步維艱，這有助於使我們自己從困難中成長，從而變得更加堅強不屈、堅韌不拔、強大有力。這就是我想跟你們說清楚的一點。你們來到這裏的理由之一，就是可以學會艱苦奮鬥、克服困

難、勇往直前。我列舉了一些你們可能會遇到的艱難險阻，但我並沒有全部列舉。它們將在未來的漫長時間裏，連綿不斷地陸續湧現出來。當你們學會從艱難困苦中，頑強地站起來，超越困難，並驕傲地將它們踩在你們的腳下時，你們將圓滿完成來到這裏的崇高目標，並幫助我們學院這所機構，踐行其在社會上存在的宗旨，達成其目標！

以身作則的重要性

幾天前，在辛辛那提，在一個大型會議上演講後，一羣年輕的黑人小伙兒，邀請我參加他們俱樂部舉行的簡短招待會，對此我感到非常驚喜。當我動身前往指定的地點時，我猜這些年輕人，他們可能已經租下了一個房間，並進行了裝修，以滿足他們自己私自的舒適與享受。可是事實出乎意料，並非如此。相反地，我發現了十五名年輕小伙子，年齡從十八到二十歲不等。他們團結在一個名為「威諾拉」的俱樂部中，目的是提升自己，並且為了更進一步的目的，儘可能地幫助城市中有偏向錯誤的其他年輕黑人小伙子們。我看到了一間裝修精美的房間，地板上鋪着地毯，牆上掛着美麗的圖畫。他們的小小圖書館裏，有書籍和圖畫，還有十五個看起來最聰明誠實、最乾淨利落的年輕人。這次聚會非常愉悅，我已經很長時間沒有過這樣快樂的聚會了。

當我發現這羣年輕人，特別是在北方城市的燈紅酒綠、紙醉金迷的強大誘惑中，在道德敗壞的惡劣環境中，為了在正確的人生方向上影響他人，緊密團結在一起，真是令人驚喜萬分！

這些年輕人聚在一起，在第一次集會時就約定，他們將團結起來，以提升自己，並幫助他人。章程的第一條是，在那個俱樂部裏不允許賭博，俱樂部裏不得有烈性酒。應該不得有任何與名

副其實、真正高尚的紳士的生活相左的東西。

　　我重申，在辛辛那提發現有人做這麼意義深長、令人振奮的工作，對我來說是大喜過望和歡欣鼓舞的。同樣令人欣慰和驚訝的是，在招待會結束時，他們給了我他們籌集的一大筆錢，並要求用這筆錢，來繳納我們這所學院的某位學生的費用。

　　我今晚特別想說明的一點是：你們所有人都必須牢記這樣一個事實：即你們不僅要在各方各面，保持自己的乾淨純潔、清醒冷靜、真實忠誠，而且你們還擔負着一個對自己持續不斷地負責的義務，確保自己成為對他人有益的以身作則、言傳身教的表率。

　　你們中有很大一部分人，將從學院這裏進入大都市。你們中的一些人，將進入像蒙哥馬利這樣的城市，也許還有一些人會進入繁華的北方的城市，儘管我希望你們中的大多數人，能夠留在南方，這樣能更清楚地看到你們的人生之路。我相信，你們留在農村比進城要好。我相信，你們會發現，嘗試住在小鎮或鄉村地區，而不是在城裏，將在各方各面，都對你們大有裨益。我相信，在鄉村生活中，在農業生活中，我們可以處於最好的人生狀態。而在城市生活中，卻常常會讓我們處於最糟糕的境地。當你們自己走向世界，步入社會，你們必須首先記住，除非你們保持忙忙碌碌和遠離無所事事，否則你無法頂天立地、自強不息。這世上，沒有閒人與懶人能永遠高枕無憂，不管他是富還是窮。要下定決心，發憤圖強，無論你是在城裏還是鄉村，你都要有穩定的工作，忙碌而充實。

　　在像美國這樣一個富裕繁榮的國家，絕對沒有理由讓人無

所事事，遊手好閒。對於那些到處抱怨找不到事情做的人，我對他們可沒有絲毫耐心。在南方尤其如此，土地這麼便宜，任何男人或女人抱怨找不到工作的理由，根本就不存在。除非你自己踏實肯幹，勤勤懇懇，否則你無法樹立正確的榜樣。無論你住在城市、小鎮還是鄉村，都要注意，在適當的娛樂或休息之外，你必須長時間地從事工作。否則，你將發現，你會像我們成千上萬好吃懶做的年輕人一樣，不斷地墮落沉淪。他們屈服於圍繞在身邊的遊手好閒、好逸惡勞、好吃懶做、不務正業的巨大誘惑。

千萬要避免將你的寶貴收入，押在賭博運氣類遊戲上！請注意不要讓那些會導致你墮落沉淪的事情發生。把這個教給別人，傳授給與你接觸的所有人。除非他們遠離賭桌，否則他們根本不可能過上健康堅實、品行端正的美好生活。

我們要恰當地規律我們的生活，規律我們的睡眠時間，適當地娛樂放鬆。我們城裏相當多的年輕人，每晚熬夜到十二點、一點和兩點。他們有時在舞會上流連忘返，有時在賭桌上一擲千金，有時在妓院縱情聲色，或在某個沙龍推杯換盞、酩酊大醉。結果第二天，他們上班遲到。很快，你就會聽到他們怨天尤人——因為種族歧視，他們失業了。或是推脫說，他們的前老闆不再僱用有色人種幹活。但是如果真正深入了解到真實情況，你會發現，他們丟掉工作，更有可能是因為上班經常遲到，或是幹活漫不經心、粗心大意、馬馬虎虎。

然後，你也會發現，如果你盲目沉迷於烈性酒精的誘惑，便會自甘墮落、萎靡不振。喝酒讓我們很多本應朝氣蓬勃的年輕

人，迷失人生方向，自暴自棄，荒廢墮落。我並不是說我們所有人都這個樣子，在酒精的致命誘惑前低下頭。因為我到過許多大城市，遇到過很多像我前面提到的，辛辛那提那樣的團結向上的年輕小伙子們。如果你與壞人為伍，那近墨者黑，你別指望人生成功。儘可能努力養成晚上待在家的習慣。對於一個年輕的小伙兒，或年輕的姑娘來說，如果養成了壞習慣，認為每天晚上都必須在街上四處亂逛，或是在某個公共場所虛擲光陰，沒有比這更糟糕差勁的習慣了。

　　我希望，當你們離開這所學院時，無論你是否是畢業生，無論在這裏呆了一年還是四年，都能夠帶着這樣的想法：你必須為所在社區的每一個人，樹立一個品質高尚、光明磊落、堂堂正正的表率。人們時時都在觀察着你。如果你屈服於烈酒的誘惑，與壞人為伍，交不務正業、臭味相投的狐朋狗友，其他人也會有樣學樣，照葫蘆畫瓢。他們將會照你的壞樣子，去塑造他們的生活。你必須專心致志、勤勉不懈地塑造品質高尚的生活，以使成千上萬尋求你引導的人，都能以你為榜樣，從中受益。一人有福，拖帶滿屋。

簡樸的美德

　　我希望你們中的每一位，都密切注意到最近向你們致辭的小威廉·H·鮑德溫先生[1]所說的話。他言簡意賅的演講，闡述了我們這所學院是建立在什麼樣的平台之上的。他着重強調了學院保持簡樸的重要性，強調要保持學院一以貫之、始終如一、高度的簡樸和一絲不苟。我們應該時刻銘記在心。

　　確實，在過去的幾個月裏，我們的學院變得聞名遐邇，並且正在迎來世人所稱的「成功」。但是我們必須時刻牢記，很多時候，學校和個人一樣，成功可能會比貧困更對他們有害！如今，我們的學院將繼續取得成功，將繼續擁有我們國家最優秀傑出、最聰明睿智、最慷慨大方的人的好心好意、信心信任、和通力合作。但前提是，我們的教職員工、學生和所有與之相關的東西，都能一如既往地保持簡單樸素、真摯真誠和一絲不苟。

　　一旦我們的任何院系初露端倪，表明我們開始變成世人所稱的「傲慢自大」，人們很快就會對我們失去信心，也不再支持我們，那我們學院很快就會開始衰退沒落，每況愈下。我們將在房

1　William Henry Baldwin Jr.（1863－1905 年），小威廉·H·鮑德溫先生，1885 年畢業於哈佛大學。曾任美國長島鐵路公司總裁。

屋建築、生產製造、儀器設備、師生數量，以及民眾的信心信任等方面，不斷進步，這與我們的所作所為是否符合學院的宗旨成正比：即教育青年男女，通過學會如何把事情做得不同凡響的出色，掌握如何過上方正質樸、簡單純粹、品格高尚的生活。

當我談及謙遜和簡樸，我並不是說，有必要忽視世人所謂的男子氣概和女性氣質。不是說我們要畏首畏尾，諂媚逢迎，怯懦膽小，毫無男子漢氣概。而是說，我們會發現，遠觀悠久的歷史長河，世界上影響力最大的人，是虛懷若谷、謙遜有禮、簡單質樸之人。

現在，我們不僅要保持謙虛謹慎，而且要非常確定，學院每個系所做的一切，都已經做得非常徹底到位。任何組織在開始成長、發展時，都面臨着巨大的風險，在數量上變得更為龐大，或在其他方面，都變得更為龐大。只有當那些負有責任的人，最大程度地各司其職、勤勤懇懇、盡心盡責時，它才能成功。

萬丈高樓平地起，只有每個人，在建造每一個建築中，各司其責，表現出色，唯有如此，我們才能成功地建造出一流的建築物。只有調製砂漿、疊磚砌牆的學生，聚精會神、全心投入到這項工作中，並竭盡全力、認真徹底地完成這項工作，我們的成功便與其成正比。當他攪拌製作砂漿時，必須盡其所能，一絲不苟，精益求精，盡善盡美。然後，第二天，他必須做得比前一天更好，下周比本周完成得更優秀。以此類推，疊磚砌牆的學生，也必須學會手頭砌每一塊磚，都竭盡全力地砌好。接着，第二天再把工作完成得更為出色。

　　我們還必須牢記，我們有責任來照顧好我們的房屋建築物。不僅要完全徹底地把所有的建築物建成，而且還要花很大的精力，去維護保養好它們。學生們辛辛苦苦才建造起這些建築物，樂善好施的朋友們慷慨解囊，才保證了我們建築的落成，所以我們必須確保，我們的建築物不會被以任何方式損毀破壞。

　　你們必須讓新生們知道，這處房產屬於你們，這裏的每一棟樓都屬於你們。任何學生，都無權以任何方式，破壞朋友們慷慨解囊資助、你們辛辛苦苦建造起來的任何東西。如果你發現有學生用鉛筆，在抹好的牆上塗畫，你得讓他知道，他正在破壞你千辛萬苦的勞動成果。當他破壞那個建築物時，他正在破壞未來的學生應該有機會享有的東西。

　　我們希望確保，在每個產業領域，在學院的每個系，都存在簡單質樸、謙遜有禮和一絲不苟的精神。無論在工業院系、還是在教室裏，託付給你做什麼，一定要確保全心全意做好這件事情。

　　我們並不期望擁有精美絕倫、造價昂貴的建築。但我們的的確確希望擁有結構良好、製造精良、賞心悅目的建築。而且，倘若我們能以這種簡單質樸、謙遜謹慎的方式，繼續努力前進，那麼我們擁有所有需要的建築的時候，就會到來。只要我們的朋友看到，我們配得上這些美好事物，他們就會來幫助我們。

　　我們還得確保，沒有哪個院系有任何的糟蹋浪費。我們必須精打細算，努力使每一美元，都儘可能地發揮作用。「我們必須拉長每一美元，一分錢辦成兩半花。」正如我聽到鮑德溫先生所說，「直到它不能再拉長為止。」除非我們秉持良心，全身心投

入到我們所做的每一件事中，否則就會存在揮霍浪費，包括寄宿部、學術部、工業部、宗教部等等。讓我們確保捐贈給我們的每一美元，都用到實處，沒有一絲一毫的浪費。因為捐贈給我們錢的人，幾乎在每一年、每一周、每一天，都被請求為了成百上千的目的而捐獻。他們必須用心謹慎篩選出，他們想要支持的捐贈項目。他們必須決定，是否願意為這個捐助項目，或是那個捐助項目捐款。如果我們能夠給他們以信心，讓他們認為，我們比其他類似機構更有資助價值，他們就會慷慨解囊，向我們捐贈。

我們還想確保，我們在穿着和所有外表上都保持簡單質樸。我不喜歡看到這樣一個貧窮的年輕人：他的學費由別人贊助支付，窮到買不起書，有時連襪子都沒有，有時還沒有像樣的鞋子。但是，他卻虛榮地戴着一個白花花、硬梆梆、閃閃發亮的領子，還是送出去花錢請人漿洗的。我不願意請求高尚慷慨的人們，為這樣的一個虛榮浪費的年輕人捐錢助學。年輕人要學會自己清洗衣領，而不是裝模作樣，向世人假裝他原本不是的樣子。當你將衣領送到城市洗衣店時，表明你已經擁有了銀行戶頭。表明你生活富足，殷實有錢，完全可以負擔得起這些。現在我並不相信你買得起這些，那種賣弄造作、裝飾門面的行為，是一錢不值，毫無意義的。

言歸正傳，正如我所說，如果我們在這裏，不能把領子給整理得又好又合適，那麼，請拿上肥皂、清水、漿粉和熨斗，學會清洗你自己的領子，並繼續漿洗它們，直到你能比其他人做得更好。

我並不是要勸阻你戴漂亮精緻的衣領，我喜歡看到每個領子

都閃閃發光。我希望每個領子，都儘可能地鮮豔閃亮。我喜歡看到你們戴着漂亮、迷人的領子。然而，我不想讓你認為漂亮的衣領才造就了男人。你經常會看到精美的袖口和衣領，但你卻無法從這一點中發現真正的男子漢。你要確保先成為貨真價實、真材實料、名副其實的真正的男子漢，確保真正的男子漢就在那裏。如果他在那裏，領子和袖口自然就會在適當的時候出現。如果那裏空無一物，並沒有真正的男子漢，我們可以把所有能弄到的領子和袖口都戴上，但我們還是會發現，它們並不會讓人成為真正的男子漢。

當你成功完成學業後，走出校門，並在行業成功立足，站穩腳跟，在學會了儲蓄存錢，並擁有了一個自己的、可以預付的、不錯的銀行賬戶後，如果你洗衣服的工作做得不夠好，不適合你時，那麼，也許你有能力把你的領子送到四十或五十英里外去漿洗。但是，我看現在你們這些年輕人，我不相信你們能負擔得起。如果你能負擔得起，那麼，我原本應該讓你支付這筆錢作為你的一部分學費，我們現在卻不得不四處尋求其他人的資助，來支付你的學費。

你也要非常確定，當走出學院，進入這個社會，出去工作時，不會感到手足無措，害臊羞恥；不要羞於實踐你在這裏學到的本領。當我接觸到我們的畢業生時，很高興能夠說，我幾乎沒有發現過，在塔斯基吉學院學習時間足夠長的學生、或者畢業生，會對於使用自己的雙手感到羞恥，他們都是自己工作領域的佼佼者。現在我們想要努力保持這種遠近聞名的良好聲譽。我們

希望確保這樣的寶貴聲譽，對每一個走出校門的學生來說，都能如影隨形，陪伴你們左右。

我們要確保自己的言語措詞簡潔質樸，並儘可能以最簡潔質樸的方式寫信。小約翰‧D‧洛克菲勒先生[1]幾天前在這個平台上演講時，你們當中有誰聽不明白他說的話？有沒有他使用的一個單詞、一個引文，或一個修辭格，讓你無法理解它的全部力量，或無法明白它？此君的父親，可能是世界上最富有的人，但他的演講並沒有「胡說八道」。用的每個詞都簡潔明瞭，每個人都能聽懂他說的每一句話。他也沒有使用複雜難懂的拉丁語或希臘語的引文。

有些人自欺欺人地以為，如果他們能受到一點點教育，提前存上了一點點錢，就可以自顧自地說一些沒人能懂的深奧難懂的話。這樣，就能表明他們就是受過教育的文化人。這可是大錯特錯了，因為沒有人能懂他們，他們也鬧不明白自己。現在這種事情，可是無法博得社會上的任何一丁點共鳴。如果你有什麼要寫的，儘量用最簡潔明瞭的方式寫，用盡可能少的詞，儘可能簡單的詞，言簡意賅。如果你能用一個音節的詞，來明確表達你的意思，那麼請優先使用它，而不是用更複雜的兩個音節的那個。如果你無法找到一個合適的單音節的詞，試着找到一個雙音節的詞，而不是用更複雜拗口的三個或四個音節的。無論如何，讓你

1　John Davison Rockefeller Jr.（1874－1960 年），美國金融家和慈善家，標準石油公司聯合創始人約翰‧D‧洛克菲勒的獨子。

的用詞儘可能地簡短，你的句子儘可能短小簡潔。簡樸，蘊含着巨大的力量，包括各種形式的簡單質樸，簡樸的語言、簡樸的生活。世人對那些膚淺單薄的人沒有耐心，只因他們想要炫耀，試圖欺世盜名，讓世人識不出他們的本來面目。

你知道，我們有時會對一些州想要通過的法律，感到害怕和沮喪，其中一些州正在通過這樣的法律。但是沒有哪個州、哪個自治市，地球上沒有哪個權力機構，可以壓制崇高、純粹、簡樸和有益的生活的影響。每一個學會過上這種生活的人，都能找到一個機會來發揮他的影響力。

我們這個族群的人們，正在汲取這個世界所認同的那些力量元素，任何人都無法以任何方式永久地壓制我們這個種族。這個世界一直以來都認同，並且永遠會認同的力量，體現了最崇高的男子氣概和女性氣質。那麼，沒有什麼可氣餒的。我們正在向前邁進，只要不讓這些困難與阻礙嚇倒我們，我們就將繼續大踏步前進。你們會發現，每一個值得尊重、稱讚和認同的男人和女人，都將受到尊重、稱讚和認同！

你全力以赴了嗎？ [1]

　　雖然我希望你們已經竭盡全力了，如果你們並未全力以赴，我想你們會發現，現在是一個恰當的、方便的時候，能讓你們每個人都停一停，非常仔細地思考你的這個學年。從各個角度，各方各面，詳細思考你在學院的生活。思考的時候，彷彿將自己置身於父母，或家裏的朋友面前；將自己置身於那些支持和資助這所學院的人面前；將自己置身於老師和所有關心你的人面前。

　　現在，假設今晚，你就坐在父母的身旁，坐在他們的爐邊，看着他們略顯蒼老而慈愛的臉。或者，就在你最親近、最親密的朋友的身邊，這些為你付出最多、最鼎力支持你的人。假設你身臨其境，坐在那兒。我想請你回答：回顧思考一下你的學校生活，比如你的學習，在這一年中，到目前為止，你是不是已經全力以赴，竭盡全力了？

　　你真的對父母誠心誠意嗎？他們以你所不知的方式，努力奮鬥、犧牲奉獻、不辭辛苦、勞碌奔波多年，就為了讓你能夠成功來到這裏求學，就為了讓你能夠順利留在學院學習。你真的關注留心過他們嗎？你真的對教導培養你的老師誠實無欺嗎？你對

1　這個演講是在學年中期進行的。

那些熱心支持、慷慨資助我們學院的恩人心口如一嗎？一言以蔽之，你真的在預習和背誦功課的過程中，全力以赴、做到極致了嗎？請捫心自問：你做到自己的最好了嗎？恐怕你們中的許多人，正視自己的良心，回歸真實的自我時，從內心深處必須回答說，你並未全力以赴、竭盡全力。曾經有過寶貴的分分秒秒，曾經有過寶貴的時光韶華，而你卻完完全全地虛擲了光陰，蹉跎了歲月，兩手空空，一無所獲！

如果你在預習和背誦功課的過程中，以及所有工作與學業中，並未竭盡全力，那麼，亡羊補牢，你現在彌補還為時不晚。如果等到學期末，才來提醒你這個，我應該會非常遺憾，因為那樣就太遲了！你們中會有很多人拉長了臉，說，如果能夠早點被提醒，你們可以做得更好，對父母和朋友就會更能坦率誠實地面對，而非羞愧交加。並且在各個方面，你都會讓你的生活，與過去大不相同。好在，現在還為時不晚！

據我所知，你們中的許多人也都會承認，你們白白浪費了寶貴的時間。你們對老師的忠告漠不關心、毫不在意。你們在預習功課時，的的確確在自欺欺人，你們背誦功課時粗心大意、蒙混過關。我希望你們對自己誠實坦率，並說，從今晚開始：「我要對自己負責！我不會在這方面飄忽不定、隨波逐流。我要逆流而上、激流勇進！無論我是男生還是女生，我的生活，都將與以往完全不同。」

現在，再次面對你的父母，再次面對你最摯愛的人，回答這個問題：在你的工作中，在這裏的作坊勞動中，你真的全力以赴、

做到了自己的最好了嗎？在田間地頭和工場車間裏，在拖着犁鏵、握着泥鏟、揮動鐵錘、拉着鋼鋸時，你盡心盡力、達到自己的最好了嗎？你在縫紉室和烹飪課上，做到自己的極致了嗎？

你有沒有向父母證明，他們為了讓你來這裏求學，耗費犧牲大量的時間和金錢，是極為正確的選擇？如果在這些方面，沒有全心全意、不遺餘力做到最好，你們當中的許多人還沒有做到，那麼，你還有時間成為一個完全不同的男人或女人，現在還為時不晚。你可以回心轉意，痛改前非，徹底改變自己。你們當中，那些漫不經心、麻木不仁的，那些自私輕率、不修邊幅的，那些在這裏的勞動工作中，愛惜吝嗇自己哪怕一丁點的身心投入的，必須徹底改變自己，並打定主意告訴自己：從今晚開始，你將成為一個全然不同的男人或女人，從此發憤圖強，還為時不晚。

你有沒有盡最大的努力，讓周邊環境符合學院要求，讓校園生活應該成為什麼樣子，學會如何照顧好自己的身體健康，學會保持身體清潔衛生，學會認真、規律地使用牙刷？你全力以赴了嗎？你在這方面是徹頭徹尾、完完全全誠實的嗎？你使用牙刷，只是因為你覺得它是學院的要求嗎？還是因為你覺得，除非你使用好牙刷，否則自己無法在室友面前保持乾淨、誠實，否則無法在上帝面前做好自己？你是否在黑暗中認真刷過牙，與光亮時一樣？即使這天不是檢查評比日，你也會盡心盡責地保持房間的整潔，就像知道它那天會被檢查一樣，同等地重視？對自己的職責，你是否玩忽職守，或者漫不經心？你是否把一些任務丟給室友？對於房間的清潔衛生，改善它的環境，使它更舒心宜人，你

是否曾經「溜之大吉」，或者就像俗話說的那樣，「得過且過」，而沒有真正表裏如一、老老實實地幹活？

你對自己，對父母，以及對那些花這麼多錢支持這個學院的人，真的言行一致、表裏如一嗎？最重要的是，你是否真的忠於父母和最好的自己，鍛造品格達成目標，和徹頭徹尾的誠實等方面有長足的進步？例如，你們來到這裏的有些人，有謊話連篇、信口開河、四處招搖撞騙的習慣；有些人則經不起誘惑，去強取豪奪不屬於自己的財產。你真的誠實地克服了這些壞毛病嗎？你在努力塑造良好的品格嗎？你更不甘心屈服於誘惑了嗎？你現在比以前，更能堅定地抵制誘惑嗎？如果你沒有更強，說明你在這方面還沒有進步。

但現在還為時不晚。如果你們當中還有一些人，不幸地允許一些小小的不良習慣、不良性情、不良行為、不良思想、不良言辭，居高臨下地支配了你。總而言之，如果你迄今為止的生活，是小裏小氣、形如枯槁、淺陋狹隘的生活，請遠離並擺脫那種生活！敞開心扉，推誠相見。現在就說：「我不會再被那些雞零狗碎、小裏小氣、刻薄吝嗇的思想、言語和行為所征服。從今以後，我的一切思想、一切言語、一切行為，都將變得更大大方方、更慷慨仗義、更品德高尚、更純潔真摯！」

總而言之，我希望你們掌握這個信念：我們可以按照自己的意願，打造自己人生的未來。你可以讓人生變得光明輝煌、喜氣洋洋、利國利民。如果你掌握了這個最基本的一課，並在校園生活中，或是畢業工作後，仍能貫徹堅持下去：任何人如果在竭

盡全力、盡其所能方面，偷奸耍滑、推三阻四、吊兒郎當，都將
一無所獲。惟有發自內心徹頭徹尾地誠實，方能碩果纍纍、滿載
而歸，否則將兩手空空如也。任何不誠實的人，無論在課堂上，
還是在作坊裏，都沒有盡力而為，無論未來在哪裏，都會發現他
們從長時間來看是一無所獲、空手而回的。你可能會暫時認為鬆
懈懶惰、貪圖安逸是最好的選擇，但它永遠不會讓任何人，無論
男女，能夠收穫滿滿、成就斐然。除非是真正地、徹頭徹尾地誠
實，並竭盡全力，做到最好。

　　現在我想讓你們慢慢思考這些，不僅今晚在教堂這裏想，
明天在你們的教室裏，也要想想你們接觸到的一切事情。我希望
看到，你們讓它們閃閃發光，連你們的指尖也煥發出光芒，你們
在每件事上都盡力而為、盡善盡美。堅持這麼做，你們將會在學
年結束時發現，你們正變得更強大有力、更純樸明淨、更歡樂喜
悅！你們讓自己的父母，和那些關心你們的人更開心快樂、欣慰
驕傲。你們自己正躊躇滿志、成竹在胸，勇敢挑起重任，滿足學
院和國家對你們的殷切期盼！

永不氣餒

　　上周日晚上，我與你們聊了聊，討論了在學院生活的每個階段，都要下定決心做正確的事情的重要性。學生的生活當中會遇到一些妨礙，阻止學生做到最好，其中就包括一些容易讓人灰心喪氣的事情。很多人，很多學生，本來能夠成功，能以優秀的表現成功完成學業、以優異的成績光榮畢業。但卻因為灰心喪氣，勞而無功，半途而廢。

　　目前的校園生活中，有很多事情會導致學生灰心喪氣、無精打采。下面我來嘗試列舉一二，儘管我不清楚是否能面面俱到。

　　學生們經常因為工業性勞動感到事與願違、灰心喪氣。這項勞動的特性，未能如其所願，不稱心、不如意。或者，他們沒有被分配去學心儀已久、渴望學習的課程。還有一些人，因為課堂學習而沮喪氣餒。他們發現學習似乎關山難越、寸步難行、困難重重。課程太過冗長沉悶，而自己的記憶力有限。發現根本無法理解領悟老師的教誨，或覺得老師不能理解體會他們。還有些人變得灰心，是因為他們以為自己完完全全被同學和老師誤會曲解。他們認為自己在課堂上和作坊裏的努力，沒有得到應有的認可與讚賞。

　　其他有的人變得灰心，是因為覺得自己形單影隻、舉目無

親，孤孤單單沒有朋友。在他們眼裏，其他同學似乎呼朋引類，賓朋滿座，到處都有朋友在鼓勵他們，給他們寄錢，送衣服。而自己卻形影相弔，沒有這樣的一羣好友。

你會因為這樣的一些原因，而垂頭喪氣、懊惱沮喪。你覺得自己的最高水平，與最大的努力，並未得到認可與讚賞。你們當中有不少人，認為自己屬於社會上被看不起的種族，而灰心喪氣，意志消沉。長久以來，因為你的黑暗膚色，和某些與眾不同的特徵，而任人欺凌蹂躪。你被鄙夷藐視，或被壓迫欺侮，你四顧茫然，找不到一個可以努力前行的理由。你以為，你屬於一個命中注定會悲觀失望、自暴自棄、甘居人後，和屢戰屢敗的種族。

你們中的一些人因為貧寒窮困，而灰心喪氣，抬不起頭來。或許在這裏，我說中了大部分人灰心氣餒的根本原因。你來到這裏求學，父母讓你大失所望了。他們不給你錢花，沒有為你提供像樣體面的衣服，或是你認為你真正應該擁有的東西，這讓你感到沮喪萬分。你發現其他同學挺有錢，而你卻窮得叮噹響，一個子兒也沒有。他們不僅有錢買學院生活的必需品，甚至還能買一些昂貴的奢侈品。而你，卻捉襟見肘，連起碼、最基本的生活必需品都不夠。其他同學的衣服多到根本穿不過來，而你的卻少得可憐。在許多情況下，你會因為寒冷不支而瑟瑟發抖，而其他人則穿着溫暖舒適，並且體面美觀。有時你甚至羞於在公共場合露面，因為會讓人看到你不得不穿的、陳舊不堪的舊外套、舊褲子，或舊鞋子。

你們中的一些人變得灰心喪氣，是因為發現自己沒有合適的

書本，無法獲得購買書籍、牙刷、和其他必需品所需的錢。你會發現，自己在各個方面，都顯得局促不安、忐忑拘謹。你時不時地感到灰心喪氣，你覺得沒有誰的命運，能像自己的命運那樣、舉步維艱。你變得灰心喪氣，你變得憤憤不平、怏怏不樂，你打算要徹底死心，完全放棄了。

今晚，我向你們說明，這種令人沮喪的事情，作為生活中不可或缺的元素，是有其目的和意義的。我不相信，任何事物，出現在你人生中的任何事情會毫無意義。而我堅信，我們為克服艱難險阻，付出的每一次努力，都將給我們以力量，讓我們對自己充滿信心，這是其他任何事情都無法給予我們的。我寧願十次都看到你在奮力拼搏，去提升自己，無論是在農場裏勞作，還是在建築裏建設，或在作坊裏埋頭苦幹，缺錢少衣，過得很艱難。而不是有那麼一次看到你在這裏揮金如土、不勞而獲、坐享其成。與某些人相比，你是幸運的。而不耕而食、不織而衣，不用努力工作就能獲得錢財，不費力氣就能擁有所有舒適生活，同時還能夠拯救自己或是別人的靈魂的人，這樣的人非常之少，可以說是世間罕見了。

像你們中的一些人那樣身處貧困與艱難險阻之中，並不是一種詛咒。如果你們下定決心，要克服周圍的障礙和困難，你將發現，在披荊斬棘、克服困難的一切努力中，你的力量和信心正在成倍增長。下定決心，決不允許任何事情讓你灰心喪氣。下定決心吧！糟糕費解的課程、責罵訓斥的老師、缺錢少書的煎熬，所有這一切，都不會讓你灰心喪氣。下定決心吧！不管自己擁有什

麼樣的種族和膚色，不管遇到了什麼樣的艱難險阻，不管不顧這
所有的一切挑戰，你終將在學院取得成功，並成為利國利民的棟
梁之材。

　　每一個成長為社會有用之材的人，每一個成長得卓越傑出
的人，幾乎無一例外，都克服了艱難險阻、排除萬難、不屈不
撓。遇到挫折與困難時，咬定牙關、發憤圖強、決不放棄，從而
不斷提升自己。下定決心吧！你將戰勝所有的灰心喪氣，並且不
會讓任何灰心喪氣壓垮你。你們當中，那些曾經喜怒無常，悶悶
不樂、多愁善感的人，或是那些覺得整個世界與你作對、認為努
力提升自己無異於如水投石，徒勞無功的人，你們一定要下定決
心、奮發圖強！你們的未來，會和其他任何人一樣鵬程萬里、光
芒萬丈。持之以恆，你們會發現，自己有能力讓未來變得如日方
升、前途光明，或是前途暗淡、昏天黑地，它都將取決於自己。
事隨人願，如你所想！

關於安居樂業

　　每個有色人種都有責任，為自己和孩子們儘快安一個家。不管佔地皮多麼微小，或是建築多麼簡陋，都應該毫不拖延地安下一個可以稱之為家的地方。

　　安一個家，要比許多人想像的要容易得多。一個星期接一個星期，或是一個月接一個月地，節省下一點點錢，小心審慎地投資一塊土地，很快就有了一個可以建造舒適房屋的地塊。在擁有一個溫暖舒適的家之前，任何人都不應該裹足不前、停下前進的腳步。越來越多的南部各州，正在擬制一個投票條件，即必須擁有至少價值三百美元的地產。因此，擁有自己房產的人，不僅會從擁有房屋中獲得其他方面的好處，而且還會發現自己擁有光榮、神聖的投票權了。

　　應特別小心謹慎地挑選土地的位置。在一些擁擠不堪、骯髒污穢的小巷裏買地，並沒有什麼好處。應該努力在好的街道，精心設計、運營良好的街道上買地，這樣，居住環境會很令人愉悅。即使要走很遠的路，到鄉下去買這樣的一塊好地，也比在一個醜陋難看的、不受歡迎的胡同買地要好得多。

　　我相信，我們的人民，通常來說，最好在鄉下，而不是在城裏買地。但無論是鄉下還是城裏，在我們安好家之前，我們都不

應該停下奮鬥的步伐，停歇休息。跟妻子結婚，卻冒着在自己死後讓她流離失所、居無定所的風險，只要是男人，都無權這樣做。

我頗為遺憾地注意到，我們許多人已經買了房，而他們在拿到地，付過錢，蓋了兩三個房間的小木屋後，就止步不前，不再尋求進一步的房產完善了。首先，在很多情況下，房子和院子，尤其是院子，沒有保持乾淨整潔。籬笆柵欄沒有好好保養維修，牆面粉刷和油漆亂刷一氣。房屋付清費用後，應盡最大努力確保房屋處於一流的保養狀態。房屋的牆壁和柵欄，要整齊熟練地油漆或刷白。不能讓木板從圍欄上掉下來，或是萬一掉下來了，別聽之任之，坐視不管，趕緊修補好。如果有穀倉或雞舍，也應該保養維修，並且應該像房子一樣，通過油漆和粉刷讓它們看起來整潔愉悅。

油漆和粉刷極大地增加了房屋的價值。如果人們能學會利用說三道四、八卦胡侃，或是街頭閒逛中的一部分時間，來油漆或是粉刷房屋，那將大大改變建築物的外觀，並增加它們的價值。

就在不久前，在某個城鎮附近，我參觀了一位監督長老[1]的房子，我都無法稱其為家。他受過相當不錯的教育，花費大量時間在他的教區四處走動，向成百上千的有色人種佈道。然而，這個人的家對他和他的種族來說，簡直是一種恥辱。房子不曾油漆或粉刷，柵欄也是如此。院子裏雜草叢生，根本沒有小徑可走，也

1　Presiding elder: 受主教委託，監督某一地區的教會和牧師的長老。

沒種上花兒。事實上，屋子外面和院子裏的一切，都呈現出糟糕透頂和令人沮喪的樣子。據我觀察，這所房子周圍沒有栽種任何蔬菜，也沒有看到飼養任何家禽。

這可不是生活該有的方式，尤其不是牧師或教師該有的生活方式，因為他們應該不僅以口頭言辭來樹立榜樣，更要身體力行、以身作則來引導他們的人民。每一位傳道士和每一位教師，都應該讓他的房子、院子和花園，成為他試圖教導和引導的人們的榜樣與表率。我得承認，如果某位傳道士家裏狀況，和我剛剛描述的那位牧師家裏一樣邋遢，那我對他的講道沒有任何信心。我們種族沒有必要養成悲慘淒苦和窮困潦倒的習慣，住在沒有妥帖修繕的房子裏，不曾油漆或粉刷，讓人不舒服，最重要的是，住的房子還不是我們自己購置的。我們沒有理由不讓我們的家溫暖舒適、令人愉悅。這樣至少沒人能從外觀上一眼看出來，房子裏住的是白人家庭，還是黑人家庭。

房子付錢購建後，要年年修繕，保養良好。而且隨着家庭的擴大，還要增加新的房間。房子不僅要舒適宜人，還要便利順手。應該儘快安排一個客廳，放點書籍和報紙，一家人可以在冬天的夜裏，在裏面一起閱讀和學習。沒有浴室的房子，不能稱得上完整。我們的每一戶人家，都要趕緊整一間浴室，讓每一個家庭成員的身體，每天早上都能在乾淨清爽、充滿活力的水中接受洗禮。這樣的沐浴，能使人在新的一天的工作中，處於精神飽滿、神清氣爽的良好狀態。每天沐浴不僅使人身體清潔健康，更使人精神上飽滿振作，工作中認真虔誠。

　　家的另一個重要組成部分是餐廳。餐廳應該是家裏最舒適宜人、心生嚮往的房間。它應該是一個寬敞通風、陽光充足，夏天和冬天都很舒適愜意的房間。

　　這些建議給到你們，希望你們能有朝一日付諸實踐，並帶動他人也這樣做。對於所有這些建議，儘管我們這個種族很貧窮，但在大多數情況下，我們都可以努力找到付諸實踐的辦法。我們的教師、傳道士和受過教育的年輕人，都應該從善如流，接受以上建議。我們應該在學校、教堂、農民會議、婦女集會等場合，不遺餘力地教導和敦促此事。確切地説，只要有我們種族的人齊聚一堂，這些建議都應該被宣揚推廣。

名實相符

幾天前的晚上，我和你們談到了，在走出校門，走向世界之前，要學會簡單質樸、謙遜虛心、保持赤子之心，這非常重要。你應該一直待在學院，認真學習知識與本領，直到有朝一日，達到了這樣的境界與高度：你感覺自己什麼都不懂，感覺自己願意向任何人虛心求教學習。

不幸的是，在南方，有許多事情往往偏離我所提到的這種簡單質樸。有一個很大的傾向，就是把事物搞得面目全非。以學校為例，現下流行的大趨勢是，用不屬於它們的名字來命名學校，這些名頭響亮的校名，並不能恰如其分地代表學校的現實情況。我感覺，把學校言過其實、誇誇其談地稱之為大學、學院、研究院或高級中學的現象，與日俱增。我們很少聽說用樸實無華、尋常普通的校名，來命名一所公立的或多年級的學校。

屈服於這種名過其實的浮誇誘惑，對我們自己毫無益處。如果一所學校是公立學校，那就恰如其分、規規矩矩地稱之為公立學校。但是不要以為我們把一所袖珍、小型的鄉村學校，信口開河、浮誇華麗地稱之為一所「大學」，而全校只有可憐的兩三個房間，和區區一兩位老師，其中一些學生還只在學習最基礎的字母表。這樣的好大喜功、沽名釣譽，對我們來說沒什麼好處。

正如你所知，這在整個南方屢見不鮮、層出不窮。這種浮誇的做法，並不會獲得別人的尊重或信任，恰恰相反，明智的人會厭惡這種虛假的偽裝。當你走向世界，遇到這種情況時，試着讓人們看到，用一個名副其實、能真正代表它的名字，來命名他們小小的公立學校，比稱之為某「高中」，或某某「學院」要好得多。若說學校無權立志成為高中和學院，我絕無此意。我的意思是，養成把每一所開門辦學的小型學習機構，都叫成名不副實、嘩眾取寵的「學院」或「大學」的習慣，對我們這個種族是有害而無益的。它削弱了我們，阻止我們獲得結實穩固、可靠堅定的立身處世基礎。

　　與此類似的錯誤是，我們稱呼每個傳道士，或站在講道壇上佈道的人為「博士」，無論他是否曾被授予了這個學位。理智冷靜的人已經厭倦了這種戴高帽子式的互吹互捧。神學博士的學位曾一度備受推崇，只授予那些因某些原創研究，或其他高水平的學術成就，而真正有權獲得該學位的牧師。在受過高等教育的人中，這條規則仍然存在。但是如今，特別是在南方，許多敞開大門辦學、自稱學院或大學的小機構，也開始授予學位，並給根本就不配獲得學位的人，授予神學博士的稱謂。有時甚至是，如果這些人未能找到一個機構授予他們學位，他們竟然會自己授予自己學位！這種浮誇吹噓的習慣變得如此司空見慣，以至於在小鎮上，牧師們都稱自己為博士。一位牧師遇到另一位牧師，會打招呼說：「早上好，博士！」，而另一位希望像他的朋友一樣彬彬有禮，也會跟着說：「你好嗎，博士？」這齣戲就這樣繼續唱下去，

直到兩人都開始以為，他們自己真的是博士了！現在這種做法不僅荒謬可笑、怪誕不經，而且對我們種族來說，害人不淺，應該堅決予以制止！

　　許多教書的人也可能也要受到同樣的批評。一個在鄉村小學校教書的人，也許只是在一個灌木叢涼亭裏上上課，就被稱為「教授」。每個指導弦樂隊的人，都被堂而皇之地尊稱為「教授」。前不久，我在一個小鎮上，聽到人們說起某人是「教授」。我迫不及待地想知道教授是誰。所以我等了一會兒，終於教授駕到！我認出他只是我們學院預備班的一名學員。現在，千萬不要讓社會把你置於這個愚蠢之極、滑稽可笑的境地。如果人們試圖吹捧你為「教授」，或任何其他不屬於你的頭銜，請直截了當、誠實坦率地告訴他們，你不是教授，你只是一個普通的先生。先生，這對每個人來說，都是一個足夠恰當的頭銜。當我們擔任了使我們有權獲得這個頭銜的職位時，我們和其他任何人一樣有權利成為名副其實、實至名歸的教授。但是如果允許這個頭銜被誤用濫用，我們就將這個應該是學問標誌的尊貴頭銜，給拖入了泥濘不堪的、污水遍地的浮誇泥沼。

　　在我們朗讀的散文和發表的演說中，如果我們只是簡單地排練大量從別人那裏抄襲來的內容，那我們在學校功課中也就有了類似的欺詐行為。走進任何一個有我提到過的神學博士的教堂，你都會聽到從書本和小冊子中抄錄的佈道。那些人假裝是自己撰寫的這些散文、演説和佈道，但實際上根本都不是他們自己的作品。這一切，都建立於荒誕虛偽的謊言之上。

還有一個錯誤，我想提醒你們注意。在南方的許多地方，特別是在城裏鎮裏，都有優秀出色的公立學校，設備和資料各方面都配置齊全，並配備了優秀、稱職的教師隊伍。但在某些情況下，這些學校受到了損害，因為一些小教會學校搶佔了公立學校應有的一席之地。如果學校不能在某個特定教派的教堂裏，那它一定要緊挨着教堂。在普通城鎮中，可能有非洲衛理公會、錫安教會、浸信會、衛斯理衛理公會等教會學校，都分佈在城鎮的不同地方。不但沒有由城鎮或城市出資支持一所公立學校，反而存在這種細小、狹隘的教會精神，它正在剝奪這些無辜兒童的受正規教育權利。

有些人滿足於剝奪孩子的正當權益，讓他們被一些二流老師授課，我們想對這樣的人說，他們錯了！希望你們得讓人們知道，美國偉大的公立學校系統，是這個國家最大的榮耀，當我們試圖詆毀公立學校時，對於孩子們接受更好的教育一事，並無幫助。當然，建立自己的神學院和學院是每個教派的權利和義務，在這些學院中，該教派的特殊教義被傳授給那些正在為其講台做準備的人。但是，沒有人能有這個權力，讓這種狹隘的宗派精神，打敗人人都應該自由去上的公立學校的努力。

我的腦海中有這麼一個地方，在那裏，有色人種也能與白人一樣，擁有優秀優質的學校。我曾經走進它的一棟大樓，發現它配備了先進的設備和有能力的合格教師，並看到那裏完成的工作是一流水平的。接着，我被領到城外約一英里路，那裏有一所學校，全校只有一個能力很差、誤人子弟的老師，那裏有大約

六七十個可憐無辜的學生，接受極其低劣的教育。這裏是三流的
建築、三流的老師、三流的工作，孩子們因缺乏適當的教育引導
而遭罪，貽誤終身。為什麼？僅僅因為人們只想要在城市的那個
角落，建立有自己教派的學校。

　　現在你們要培養勇氣，確保你們有足夠的勇氣，去批判譴責
這些錯誤，並向人們展示他們在這些問題上所犯的錯誤。

　　我提到所有這些事情，是因為它們阻礙我們打下堅實可靠的
基礎。這些浮誇，這些狹隘，進一步阻礙我們大踏步的進步。因
為在許多情況下，它們阻止我們在教學、服務工作和許許多多其
他方面獲得正確的領導力。因此，無論你們走到哪裏，都要下定
決心，毫不猶豫，要讓你們的影響力，有利於支持你們成為準
備充分的教師和傳教士，有利於支持你們成為準備充分的人民
領導者。只要你們畢生致力於此，我們這個種族的民眾就會樂
於追隨你們。

歐洲印象

　　美國這裏的一些人認為，我們中的一些人，在為黑人提供工業培訓的問題上，太小題大做了。我希望一些懷疑論者，可以去歐洲看看，在這方面比我們領先多年的種族，在那裏做了些什麼。我不會在這裏耗費時間，概述歐洲在工業培訓方向上為男性所做的事情。但我要介紹一下，我所親眼所見的英格蘭為女性所做的事情。

　　華盛頓夫人和我，一起參觀了位於英格蘭斯旺利的女子農業學院[1]。在那裏，我們見到了四十名聰明穎悟、溫文爾雅的女士，她們大多是高中和大學畢業生，從事實用農業、園藝、乳製品和家禽飼養的研究。我們在實驗室和教室裏見到了這些女性，她們研究農業化學、植物學、動物學和應用數學。我們還看到這些女性在花園，在溫室和野外，種植蔬菜、修剪玫瑰花叢、土壤施肥、栽種葡萄、培育水果。

　　作為對我們民眾的另一個建議，我還想提一下，當我在英國

1　Swanley Horticultural College：斯旺利園藝學院成立於 1889 年，是一所位於英格蘭肯特郡的園藝學院。它最初只招收男性學生，但到 1894 年大多數學生是女性，幷於 1903 年成為僅限女性的機構。

時，我得知，一位議會的重要議員，有三天時間放下在該機構的職責，前往主持全國家禽飼養者協會的會議，而來自英國各地的人們廣泛地與會。

在我和華盛頓夫人穿越荷蘭的旅行中，我們看到了許多你們可能感興趣的東西。有人說，上帝創造了世界，但荷蘭人創造了荷蘭。要想充分認識到這一說法的力量，就必須親眼看看荷蘭，眼見為實。深入了解荷蘭內部和農民生活的最佳方式之一，就是像我們一樣，乘坐一艘往返於比利時安特衛普和荷蘭鹿特丹之間的運河船。

將荷蘭的鄉村生活，與我們美國南方有色人種的生活進行比較，對我來說趣味盎然。荷蘭之所以能有今天的富足，很大程度上是受益於其建成的獨特的堤壩或防洪堤系統，攔海築壩使人們能夠最大可能地利用這個小國的珍貴土地。

我們有色人種的農民，可以從荷蘭人那裏學到的重要一課是：如何在一小塊土地上精耕細作謀生，而不是在四十或五十英畝的土地上廣種薄收地謀生。我見過一家人在那裏精耕細作種着區區兩畝地，卻能過着寬裕安逸的生活。而我們南方的農民，在太多的情況下，試圖耕種五十或一百畝，忙忙碌碌一年到頭，到年底發現自己兩手空空、負債累累。在整個荷蘭，我認為找不到一百英畝的荒地。每一英尺的土地，都長滿了綠草、蔬菜、穀物或果樹。我們南方的農民，在試圖效仿荷蘭農民時，可能具有的另一個優勢是，他們不必為馬匹或騾力付出如此多的額外開銷。大部分土壤耕作，都是用鋤頭和鐵鍬完成的。

我在禮拜天和工作日看到了形形色色的荷蘭人，但我沒有發

現一個荷蘭男人、女人或孩子是衣不蔽體、衣衫襤褸的。這裏幾乎沒有乞丐，也沒有很窮困的人。他們的繁榮富足，也很大程度上歸功於他們對土壤徹底而智慧的精耕細作。

除了徹底地精耕細作土壤之外，美國有色人種可以從中吸取經驗的、最可能感興趣的事情是，使荷蘭聞名於世的優質乳製品。即使是最貧窮的家庭也有荷斯坦牛[1]羣，它們是我很高興看到的、最優良的牛類品種。觀看數以千計的牛羣在平坦寬闊的原野上安寧悠閒地吃草，就值得到荷蘭一遊。由於他們對荷斯坦牛的飼養給予了密切關注，荷蘭黃油和奶酪在整個歐洲都有旺盛的市場需求。那裏最普通的農民，都可以因出售黃油和牛奶，而獲得不錯的現金收入。

這些人中的許多人，從吹過田野的風中獲得的收益，也比我們可憐的南方人從土壤中刨來的收益還多。荷蘭每個農場都可以看到老式風車。這種磨坊不僅為牲畜抽水，而且在許多情況下，它還用於經營乳製品、鋸割木材、研磨穀物，和運行重型機械。然而，讓婦女和孩子在地裏幹活，這一點上荷蘭人與我們南方人並沒有什麼不同。我認為，荷蘭這種做法，甚至比在南方的有色人種還要普遍。

在這些人的農業和乳業的興趣中，可以發現這樣一個優勢：荷蘭的許多農民都接受過大專或大學的培訓。在此之後，他們參

1　Holstein：荷斯坦奶牛，原產於荷蘭的大型黑白奶牛。其顯著特點是適應性强，體型大，產奶量大。

加了農業和乳業的特別課程。本該如此。隨着越來越多的大學男子，在完成學業後從事農業和類似的職業，我們南方人民將相應地日益繁榮富足、蒸蒸日上。

在外貌方面，包括優雅溫柔、美麗動人和體態萬方，我認為我們自己的人遠遠領先於荷蘭人。但荷蘭人是一個堅強、粗獷、勤勞的民族。在我們乘坐運河船隻的旅程中，我們看到大量的男人穿着木鞋，婦女和兒童戴着他們古老、漂亮的頭飾，每個社區都有自己獨特的、一代傳一代的頭飾風格。

我們在鹿特丹度過了周日。街上自由而喧鬧的男女混雜是值得注意的。在這方面，我們美國人民可以為荷蘭人樹立榜樣。

這些人的文明基礎，在於他們對法律的關注和尊重，以及他們對法律的嚴格遵守。這是整個南方必須吸取的重大教訓，唯有如此，南方才能有望獲得世界的尊重和信任。歐洲人不明白我們南方，怎麼能一如既往地無視、踐踏自己的法律。如果你問大西洋彼岸的任何人，為什麼不移民到美國南部，他會聳聳肩說：「美國南方無法無天。他們濫殺無辜。」我祈求上帝，使我們國家的任何一個角落，在世界的任何地方，都不再負有這樣臭名遠揚的惡名。

我們從荷蘭去了巴黎。在一個陽光明媚、風和日麗的日子裏，如果你能將紐約、波士頓和芝加哥著名大街的時尚與歡樂結合起來，你就會對在巴黎某條廣受歡迎的林蔭大道上看到的東西，有所了解。時尚似乎影響了這座偉大城市的一切。例如，當我去鞋店購買一雙鞋時，我找不到一雙足夠舒適合腳的大鞋。有人溫和委婉地告訴我，在巴黎，穿大鞋不合時髦。

　　我去法國的時候想到的一件事，就是去參觀杜桑‧盧維杜爾[1]
的墳墓。但我從一些住在巴黎的海地紳士那裏得知，那位將軍的
墳墓在法國北部。而同樣這些先生告訴我，他的墓地仍然沒有任
何類型的紀念碑。海地人想把他的遺體移葬回海地，這似乎已經
有一段時間了，但迄今為止一直被置若罔聞。在我看來，海地政
府和人民有責任，在法國或海地，為這位偉大英雄的安息之所，
落實建立一個恰當的紀念碑的事情。

　　說到海地人，巴黎有很多受過良好教育和頗有教養的海地人。
每年都有不少人被送到巴黎接受教育，他們榮獲的獎學金名列前
茅。然而，令人非常遺憾的是，其中一些人沒有好好利用這麼難得
的教育機會，包括在物理科學、農業、機械和家庭科學等學院的教
育。然後，他們將能夠返回家園，並協助開發其祖國的農業和礦
產資源。海地永遠不會成為它應有的樣子，除非大量海地人接受教
育，使他們能夠大力發展農業、修建道路、興辦工廠、建設鐵路與
橋樑，從而將大量資金留在海地島上。可現在大量的金錢被花費到
國外，去購買海地人民原本自己可以生產供應的產品。

　　在我們到訪過的所有歐洲城市中，我們將普通民眾在街頭巷
尾以及其他各處的行為，與我們自己在美國的民眾的行為進行了
比較。我們毫不猶豫地說，在所有標誌着一位淑女和紳士的行為

1　Toussaint L’Ouverture（1743－1803 年）：杜桑‧盧維杜爾，海地將軍，海地獨立運動最
　　杰出的領袖，被稱為「海地之父」。1801 年統一海地島，建立海地共和國幷任總統。1802
　　年，抗擊法國遠征軍。與法軍會談時上當受騙被法軍逮捕，押送法國。次年在獄中去世。

舉止方面，我們南方的人相比較之下根本就不落後。即使在南方的營地集會和其他節日聚會上，有色人種羣眾的行為舉止，也完全達到了我們所看到的歐洲大城市中普通人的水準。

我強烈建議我們的同胞，不要抱着能找到工作的希望去歐洲，特別是去巴黎，除非你有強大的朋友和充足的資金來提供保障。在巴黎，一周之內，三個同種族人過來拜訪我，每一次我都發現他們幾乎處於忍飢捱餓的狀態。他們是好心友善、勤奮努力的人，去巴黎的初衷，是工作輕鬆，生活穩定。可是，儘管他們在街上四處奔走多日，卻找不到任何工作。他們不會説當地語言，也不懂當地人的風俗習慣，這使得生活舉步維艱。在其他美國人的幫助下，我為其中一個人獲得了回到美國的渠道。此君贈送給我的告別語是：「在未來，美國對我來説已經足夠好了！」

井然有序的家庭生活

你們中的大多數人，遲早會邁出校門，離開塔斯基吉學院，在同胞的家庭生活中，發揮影響。你們將在自己的家庭裏產生影響，還將在父母的家庭裏、或對親戚的家庭產生影響。

無論你未來去到何方，都將對諸多家庭，產生或好或壞的影響。如何給這些家庭帶來最大福祉與快樂，與我們每個學生息息相關。言下之意，我希望你們能深深意識到，你們每個人都將會離開這裏，走出校門，去發揮屬於你們的深遠影響。你們將在所加入的社區中，實施這種影響。如果不能為了他人福祉而奮鬥，你將無法達成我們這所學院存在的宗旨與目標。

首先，你要找到那些能帶來最好效果的方向，並積極努力地發揮影響。尤為重要的是，讓人明白家庭生活最高境界是什麼樣的。

我旅行遊歷得越多，就越發現的確是這樣，尤其是我們的同胞中，許多人都抱有這種想法，並且言之鑿鑿、振振有詞：除非我有一大筆錢，殷實富足了，否則，我就根本不可能擁有一個舒適愜意的家。我曾經在一些最快樂、最舒適的家庭裏待過，而這些家庭卻錢財不多。實際上，他們極有可能要被稱作窮人、貧寒之士。但在這些屋子裏，井井有條、方便順適，讓你感覺就像在巨富無比的富人家一樣安閒舒適、怡然自得。

　　我想坦白直率、直截了當地說。首要的是，家庭生活的一切，都必須快捷準時。以一日三餐為例：每頓飯都有特定的時間，否則家庭生活是不可能正常、順利進行，我們必須堅持按時吃飯。在一些家庭裏，早餐時間雜亂無章，可能在某天早上六點吃，次日早上是八點鐘，也許，在第三天早上卻是九點鐘才吃。午餐顛三倒四，完全可能在十二點、一點，或兩點鐘吃。晚上就餐，可以任性隨意地在傍晚的五點、六點、或七點鐘。甚至就餐時，有一半的家庭成員大大咧咧、漫不經心、隨意缺席。這是毫無益處的浪費時間和精力，還會帶來不必要的麻煩。必須讓大家明白，每頓飯都有既定的時間，而且屆時，所有的家庭成員都必須到場。這能節省寶貴的時間，也能省卻不必要的紛繁不安。如此一來，這個家就會擺脫大量的煩惱，並將節省的寶貴時間，用於閱讀或其他一些有益之事。

　　下面談談「井井有條」。無論你的房子有多便宜廉價，無論你在金錢方面有多麼貧窮困窘，每個家庭都可以把他們的房子打理得井井有條。我想知道，能有多少家庭主婦，在最漆黑一團的夜晚走進家時，能毫不費力、輕而易舉地把手摸到火柴盒上。這可是考驗一個家庭主婦賢惠與否的好方法。如果無法做到這一點，那她就是在浪費時間，蹉跎光陰。如果你指定一個固定的地方，告知所有家人，火柴盒總是放那兒，就可以大大地方便家人，省時省心。可是如果你事無定法，隨心任意地把火柴盒放在桌子上、房間角落的架子上，甚至是在地板上，忽東忽西，忽左忽右，忽上忽下……在許多家庭裏，僅僅由於家庭主婦或妻子，

在這件小事上的疏忽大意、粗心馬虎，每天都要浪費五到十分鐘
的寶貴時間。

然後是關於洗碗布。你們應該有一個專門的地方放洗碗布，
並每天都放在那裏。那些不在固定地方置放東西的人，會在屋裏
屋外像無頭蒼蠅團團轉，冒冒失失到處找東找西。每次要用東西
時，都要浪費五到十分鐘。他們老是在叫叫嚷嚷：「約翰尼」或「珍
妮」，「東西在哪兒？你上次用它的時候，是放在哪兒的？」諸如
此類的話。

掃帚也是如此。首先，在井然有序、有條不紊的家庭裏，
掃帚從來不會倒着放。我希望你們都知道，掃帚的哪一頭應該朝
上。你們的掃帚永遠不要倒着放，而且應該總是能在固定的地方
找到它，妥妥地放在那裏。如果物品不能及時歸位，不得不四處
搜求、尋尋覓覓，你不僅在耗費寶貴的時間，而且在白白浪費原
本可用於去做更有價值之事的寶貴精力！外套、披風、帽子，都
應該有恰當的地方放置。家裏所有物品，都應當分門別類，有各
自穩妥得當的位置安放。

萬物皆歸其位，人就能騰出更多的時間從容安寧地閱讀，有
更多的時間娛樂消遣。有時你可能會奇怪，新英格蘭人怎麼能有
這麼充裕的時間來讀書看報？並且還有充足的錢寄到這個學院，
資助我們的教育。這些人能找到足夠、充裕的時間，讓自己保
持聰慧睿智，並與這個世界保持密切接觸，是因為他們的家庭
生活井井有條、一絲不苟。他們節省出大量的寶貴時間。而你
我，卻把寶貴的時間，浪費在操心本應清楚明白的事情上。

　　我進過我們這邊許多的寄宿公寓，很少發現油燈放在合適之處。走入公寓時，那裏的人往往不得不四處摸索着，在一片漆黑中找燈；然後，四處摸索好不容易找到燈，就會絕望地發現油燈裏沒油了，某些人忘記在早上就把油注進去；然後，又得去找一根燈芯；再然後，又得去找燈罩……最終，費了九牛二虎之力，把所有這些東西都找齊了，還得去四處摸索，尋尋覓覓，找到火柴來點燃燈。

　　我想了解，目前現場有多少女生，能夠做到進入一間房，安排妥帖客人的住宿。也就是説，備妥適當數量的毛巾、肥皂、火柴，與應該提供給使用房間的客人的一切舒適物品，井然有序地放在合適之處。我興許不敢去測試你們中的一些人。你們必須在離開這裏、邁出校門之前，熟練掌握這些工作。唯有如此，你才能對自己和他人都有所幫助與益處。否則，你將辜負期待，讓我們大失所望！

什麼是值得你付出的？

我想花幾分鐘，和你們談談一個經常被人，尤其是年輕人，討論的話題：生活中，哪些是值得付出的？也許，對於一個剛進入職業生涯的新人來說，沒有什麼問題比它更頻繁被提及，什麼是值得付出的？這種或那種行為，值得付出嗎？從事這項業務或那項業務，是否值得？哪些是值得付出的？

讓我們看看，是否能回答這個問題。這是我們這所學院的每個學生，都應該捫心自問的問題。什麼對我最有利？什麼會讓我的人生最能有益於社會？什麼會帶來最大程度的幸福？什麼是最值得付出的？

不久前，某位牧師獲得了四十名已在商業上取得成功的人的答詞，這些人毫無疑問被認為是權威商業人士。這位牧師向這些商業成功人士提出的問題是：

在任何情況下，做生意不誠實是否值得？

他們是否在自己的整個商業生涯中發現，在任何情況下坑蒙拐騙、投機取巧或貪佔同胞的小便宜，或以任何方式欺騙與他們接觸的人都是划算的？

　　四十位商業成功人士中的每一個人，無一例外，毫不猶豫地回答說：在任何行業中，除了完全誠實守信和公平交易外，沒有什麼會有回報。他們說，不誠實地與同胞打交道的人，無人能夠在商業上取得長久成功，更不用說把握未來的生活或是為正義而行善了。

　　一個人做任何事，除了做每一天、每一小時和每一分鐘，他的良心都會認可的事，其他都不是值得付出的。

　　我希望你們今晚捫心自問，問問你們自己，採取什麼行動才會有所回報。

　　在金錢的問題上，你們可能會誤入歧途。當你們被誘使做此事時，認真想想看：「它值得去做嗎？」有可能在金錢方面誤入歧途的人，更可能會覬覦別人的衣服、財產和書本。這種人，在勞動上也會欺騙他人。

　　誠實無欺地對待他人的金錢是值得的。偷拿別人的衣服或書本，是不誠實的，會遭致惡報。當你可能屈服於，或不屈服於這樣的誘惑時，你應該認真問自己一個問題：「這樣做對我有好處嗎？」不斷地向自己提出這個問題。

　　此外，每當你承諾為某人做一項工作時，就相當於有一份合同約束着你，你提供一天誠誠懇懇的勞動，那人就會支付一天誠實勞動的報酬給你。如果你不提供合格的勞務，如果你失約違反了合同，你會發現這樣的做法永遠不會有回報。與人交往坑蒙拐騙，做生意弄虛作假，絕不會給你帶來好處。如果你未能老老實實地完成一天的工作，偷工減料地只完成了一天工作的四分

之三，或者五分之四，而拿到了一整天的報酬，看起來你似乎賺了！但從長遠來看，你是輸了。

我得遺憾地說，我們有時候，會在這裏遇到不太誠實的學生。這些學生來找帕爾默先生或我，說他們想回家。當問及為什麼要回家時，有些人說因為他們生病了。然後，與他們聊了幾分鐘後，他們可能會改口說，是因為不喜歡學院這裏的伙食，或者說他們的父母可能有些失望。我曾遇到過在短短幾分鐘內，先後給了我六個藉口的學生。

學生想回家的時候，正確的做法是說出確切的原因，然後堅持到底。能做到這一點的學生，將來會在社會上取得成功。言而無信、信口開河的學生，將會發現自己一無是處，他們心口不一，口中說的不是自己原本應有的樣子。弄虛作假將會把他們帶向墮落，而不是自我提升。

在某一年，我想是 1857 年，美國發生了一場巨大的金融恐慌，尤其是在紐約市。全國許多主要的大銀行都倒閉了，其他銀行每天都岌岌可危，瀕臨倒閉。我記得有一個故事，是關於當時的一位銀行行長的，我相信他的名字叫威廉‧泰勒。紐約市的所有銀行行長，每天晚上都加班開會，以隨時跟進了解每天銀行在保持償付能力方面做得怎麼樣。在其中一次會議上，在經歷了恐慌中最艱難時期的關鍵一天之後，一些人報告說他們那天虧了錢。而另一些人則報告說，客戶們白天從銀行提取了這麼多錢。如果再來這麼一天，他們不知道如何能夠頂住擠兌提款的壓力。而威廉‧泰勒卻報告說，那天他的銀行有客戶來存款，而不是來

擠兌取錢。

這一切背後的原因是什麼？威廉‧泰勒早年就知道，不誠實是不值得的。而對他所有的儲戶，和所有與他的銀行有業務往來的客戶言而有信、一言九鼎，是值得的。當全國各地的其他銀行家都全面潰敗時，威廉‧泰勒此君一向言而有信的品格，表明他對真理和誠實交易的尊重敬畏，導致錢從別的銀行取走後，放心地被存入了他的銀行。

品格是一種力量。如果你想在社會上變得有力量，如果你想變得強大、有影響力和益國利民，那麼最好的、唯一的方式，就是擁有強大的品格。但如果你屈服於我所說的欺騙他人的誘惑，你就不可能擁有強大的品格。

不久前，有人問，是什麼賦予了已故約翰‧霍爾博士的佈道如此強大的力量？在通常的意義上，他不是一個強有力的演講者。但他所說的每一句話，都帶有堅定的信念。對此的解釋是，在佈道的背後，此君的品格得到彰顯。你可以出去做偉大的演講，你可以寫一些偉大的文學作品或演講稿，但除非你的言行與文字背後，具有高尚強大的品格。否則，它們一文不值，一切都會隨風而逝，煙消雲散。

那我把這個問題留給你們。當你想去做、但你的良心告訴你此為不正當的事情時，先捫心自問：「做這件我明知不對的事情，對我有好處嗎？」去監獄去看看。問問那裏那些失足犯錯的人，他們為什麼會進監獄？而無一例外，他們都會告訴你：他們進監獄，是因為屈服於誘惑，因為沒有先捫心自問：「它會付出代價嗎？」

　　去問問那些不關愛生命、捨棄德行的人，問他們為什麼喪失
了品格？他們只圖一時之快，追求的只是暫時的、夢幻泡影般的
成功。為了找到一條通往成功的捷徑，妄想一蹴而就，為了一時
片刻的尋歡痛快，他們屈服於誘惑。我們期待每一個從我們這裏
走出去的學生身上，都有一個無論白天還是黑夜，每時每刻，都
值得信賴的優秀品格。這樣的學生，才是我們希望從這裏輸送出
去、成功畢業、貢獻社會的有為男女青年。每當你為哪怕一絲絲
的弄虛作假的誘惑而想屈服時，請一遍又一遍地捫心自問：「它會
在今世今生給我帶來回報嗎？它會在來世給我帶來回報嗎？」

什麼是真正的教育 [1]

　　我可以肯定，過去的十天裏，你們沒有花很多例行性的時間與精力，來進行通常意義上的書本學習。我們最近遇到了常規教學的中斷，讓大家從例行的日常工作和學習中走出來，常規課程的準備也被打斷。一些人的第一個想法可能是：就常規意義上的教育而言，這段時間被浪費了。長達十天的時間，從我們的生活中被抽離出去，而這些時間本應用於接受教育。我想在過去的幾天裏，你們中的許多人都有這樣的疑問：「我們有什麼收穫？從上周校園的例外活動中收穫了什麼？它能在多大程度上，彌補我們錯過的書本學習的時間？」

　　在我看來，我並不認為，你們會因為此次例外中斷，而有任何方面的損失。相反，我相信你們從中獲得了最好的教育。我的意思並非是我們可以一直依靠這種例外中斷，來系統地訓練心智。但就真正的教育而言，就心智與身體的發展而言，我不認為有哪一個學生，由於上周或更長時間的打破常規的活動，而有任何損失。

　　在以下這些方面，其實你們已經有所收穫：為了準備歡迎和

1　這次談話，是在麥金萊總統 1898 年秋天訪問塔斯基吉學院後不久進行的。

款待美國總統 [1]、他的內閣以及隨行的貴賓時，你們不得不做一些以前從未做過的、具有獨創性的思考。你們不得不在手頭的項目上，傾注自己全部的精力。如果你們不曾進行獨特的、原創的思考和製作，也就不可能創造出如此宏偉壯觀、出類拔萃的作品展示！你們中的大多數人，以前從未參觀過這樣氣勢宏大的展覽，我自己也從沒見到過。你們中的一些人，為了搭建出壯麗華美的花車，以充分展示我們的農業、機械和學術成果，花了很多心思，想出很多新穎獨特的創意，以使它效果最佳地展示我們的各項成就。你們當中三分之二的人，或者說幾乎所有人，以前從未遇見過這種挑戰。因此，這件事必須由你們自己思索設計出來，由你們自己策劃好，然後付諸行動，變成現實。

現在我們將這種教育方式，與佔我們教育很大比重的傳統方式相比較，即那種拼命背誦某些條條框框，或者背誦古人在一千年前想出來並做出來的東西。通常意義上的教育，只是背誦前人已知的事物。現在，剛剛過去的十天裏，我們不得不面對和解決我們自己的問題，而不是別人給我們提出的難題或困惑。我不相信，我們學院有哪一個人，就他用腦和動手的能力方面而言，跟

1　這次談話，是在麥金萊總統 1898 年秋天訪問塔斯基吉學院後不久進行的。威廉‧麥金萊（1843.1.29－1901.9.14），1897 年當選為美國第 25 任總統。執政後，他采取措施，使美國的經濟有了很大起色，麥金萊從而獲得「繁榮總統」的美名。麥金萊一家都是廢奴主義支持者。他反對西班牙對古巴的政策，但最開始希望通過與西班牙談判，為古巴人爭得獨立，至少自治，但未成功。1898 年，美西戰爭爆發。1900 年成功取得總統連任，1901 年 9 月，在布法羅被無政府主義者刺殺，享年 58 歲。年僅 42 歲的副總統西奧多‧羅斯福宣誓就任美國總統。麥金萊是美國立國後被刺身亡的第三位總統。

十天、十二天前相比，沒有變得更強大、更自信、更能自力更生。我們所有人都受益匪淺。這次例外中斷，讓我們努力思考並做出規劃；讓我們跳出常規，直面非同尋常；沒有任何教育可以超越這一點。我看到，這個世界每一年越來越多地投入到對人類和事物的研究中，而非僅僅是按圖索驥地埋頭書本的研究。

隨着歲月的流逝，你會越來越發現，人們會逐漸放下書本，以前所未有的方式研究人類的本質。那麼，我告訴你，在常規學業的中斷期間，你並未有任何損失：相反，你大有收穫。你的思想已被喚醒，你的能力得到了加強，你的動手能力得到了提高。

我不想自吹自擂地談論這件事，但我確實聽到，很多來自其他地方的人提到，很高興見到我們塔斯基吉的學生。因為當他們接觸到在我們學院待過的學生時，會對這些學生印象深刻——他們從無死氣沉沉或睡眼惺忪。他們說，當遇到塔斯基吉男生或女生時，會發現這些男孩或女孩，是真正具有人間煙火氣、生活得有滋有味的人。你們會發現，在過去的幾天裏，你們所接受的特別教育，隨着歲月的流逝，它會陪伴終身，時有助益。

只要我們學會做事，將我們所受教育轉化為真實可見的東西，正如我們在過去幾天所做的那樣，我們就會發現自己個人和我們所屬種族的價值。那些來這裏參觀訪問的人非常清楚地看到我們可以流利背誦成行的詩篇，知道我們能夠解決代數和幾何中的難題，知道我們可以掌握化學和農業規則。但他們最感興趣的是，看到我們將教育成果，轉化為實實在在的東西。只要誰能夠做到這一點，他就對社會有價值。這就是我們在這裏努力的共同

目標。我們正在努力培養這樣的男性和女性——他們能夠做好這個世界想要、也需要做成的事。只要能滿足這一要求，你就會發現，自己在這個社會，能有一個立足之地。通過我們在這裏為你提供的教育與培訓，我們正在為你在這個社會上的一席之地做好前期準備。我們會培訓你，幫助你抵達彼處。如果你未能如願成功抵達，你的失敗不會是我們的錯。

　　能夠與有能力做點事業的人相識，是一種莫大的滿足。他們不僅僅是紙上談兵，高談闊論，而是實實在在地做一些讓世界更宜居、更美好的事，一些提高人民生活舒適度和便利性的事。上周我遇到一個很好的例子。我辦公室需要用到實際應用電力知識。當求助於一位老師時，我感到非常滿意，他以細緻的、值得稱讚的方式完成這項工作。討論或講授電力知識固然不錯，但像他這樣能夠運用自己的電力知識，做一些有意義的事，則更了不起。

　　因此，隨着你們不斷提高做有價值事情的能力，你們會發現，現在看起來難以解決的問題，會逐漸變得越來越輕鬆容易。幾天前，一位內閣成員在現場目睹了你們在這裏所做的展覽後說，我們國家在最近的戰爭中佔有的島嶼[1]，很快就會需要我們學院培養出來的每一個人的服務。你們會發現，不僅在我們國家，

1　此處應該指 1898 年的美西戰爭。該戰爭使美國以最小的代價，換來了美國建國以來最大的勝利，步入了世界殖民強國之列。在 100 天的戰爭中，美國在古巴打敗了西班牙海軍力量。原本被西班牙殖民的古巴、波多黎各、菲律賓、關島等被美國奪走，並吞並了夏威夷。

在其他國家也是如此，對有能力的人的需求將會越來越多。

　　只要我們能努力贏得幾天前我和你們談過的聲譽，我們種族終將會有一席之地。無論我們的膚色或社會地位如何，世界將把信任和報酬給予那些做事做得和其他人一樣好，或更好的男性和女性。問題在於：我們是不是已經能夠把事情做得和其他人一樣好，甚至更好？只要我們努力堅持這麼做，你們將發現，太陽底下，再沒有任何東西可以阻擋我們前進！

行穩致遠

今晚，我要提醒大家注意我們種族同胞的一種傾向。這是我最近訪問北卡羅來納州和南卡羅來納州時注意到的一個現象。

我發現，我們許多人的僱主，或有可能成為僱主的人，對我們這個種族有一種非常普遍的印象。即作為一個種族，作為勞動者，我們缺乏穩定性、可靠性，不可信賴。你可能會爭辯說，這可完全不是真的。你甚至可以列舉出許多例子，來證明我們並非不可靠。不管是真是假，結果都是一樣的。這種印象，在我們找付薪工作時，對我們不利。

幾乎無一例外地，在與能夠僱用，或一直在僱用，或是正在考慮僱用我們的同胞的人交談時，我發現這種否定意見，已經在他們的腦海中根深蒂固了：我們不能被信賴，我們在勞動上是不穩定和不可靠的。當然，我說的是主要依靠按日結算的工作為生的同胞。與我交談的僱主們，就這種傾向給出了幾個例證。首先，我想他們毫無例外地提到了這樣一個事實，如果有色人種受僱於一家工廠，他們可以穩定地認真工作幾天，直到周六晚上拿到他們一周的薪水。然後根本就不能指望他們在下周一早上，再露面上班。

僱主們毫無例外地給出了這個特別的批評。這些僱主說，

有色人種會很認真地工作，並且工作也令人滿意。等他們拿到一點錢，並得到能保證足夠吃兩三個星期的食物後，事情就不是這樣了。之後，他們便會放棄這份工作，或者乾脆不告而別離開工廠，雇主不得不安排其他人頂上他們的崗位。這是雇主們反反覆覆、屢次三番向我控訴的內容之一。

人們還向我提到了，我們這個種族的人自由散漫、喜好四處遊玩，這是一種不利的偏好。他們要跨州過省地去威爾明頓、格林斯伯勒、或查爾斯頓遠遊。有色人種但凡手頭有一點點錢，你就別指望他們去上班，而不去遠足。他們說，必須得這裏逛逛那裏玩玩，無人可擋。很多人因為這種自由散漫、四處遠遊的癖好，而丟掉了工作，損失了錢財。

他們向我提到的另一件事是周日的饕餮盛宴。我們的同胞很可能整個星期都在忍飢捱餓，然後，到了星期天，盛情邀請所有的鄰居，吃光這個星期所掙來的一切。他們說，我們星期六晚上拿出一周的收入，跑到去市場大買特買、一花而光。然後吆三喝四地邀請所有的親戚朋友和鄰居，浩浩蕩蕩地在周日來參加一個盛大的聚會，花天酒地、湖吃海喝。然後，到了星期一早上，我們因暴飲暴食而身體難受，以至於無法工作。這被認為是導致我們種族不靠譜的原因之一。

另外，還有人抱怨說我們的種族普遍缺乏毅力，不願意穩定，不願意把錢存入銀行，不願意從底層做起逐漸提升。你們可以很容易地看到這種壞名聲帶來的種種後果。我們的同胞在許多地方能爭取到一份有薪工作，但這種糟糕的名聲對這造成

了惡果。後果之一是對整個種族工作上的普遍不信任。另一個後果是人們不會把他們無法信賴的人放到責任重大的職位上。僱主不敢請那些說走就走、隨時跑去遊山玩水的人，來擔任重要職位。

　　還有一個後果是金錢損失。我們很多同胞處於貧困之中，僅僅是因為我們具有不穩定、和不靠譜的臭名聲。我們的同胞得不到固定的、有報酬的工作，主要是因為這些。漸漸地，就業機會便落入其他種族的人手中。不難理解，如果沒有穩定工作，這周做這個，下周再換另外一份工作，也許再下周什麼工作都沒有。他們不可能會有餘錢存入銀行，不可能有能力購置房屋和財產，並以可靠、富足的公民身份安居樂業。

　　現在，我們將如何改變這些？我看不到任何希望，除非依靠你們來改變他們，依靠你們這些在學院接受教育的青年男女。很大程度上取決於你們能否在各個方面改變我們同胞對公眾意見的看法，直到我們一致認為：我們必須像任何其他一個種族的人民一樣，盡職盡責、值得信賴。但是為了做到這一點，你們必須學會如何在各個方面控制好自己。年輕人來到這裏，想在這個或那個行業工作一段時間，然後厭倦了，興趣索然了，想換點別的新鮮的試試看。有些人起初帶着強烈的工作決心，而一旦發生不愉快了，遇到挫折了，他們便想逃避，離開轉去其他學校，或是回家。現在，如果在學院中露出同樣的弱點，我們就無法成為我們應該樹立的領袖和人民的榜樣。讓你們每個人控制好自己，並打

定主意，不管你打算成為什麼樣的人，你就會成為什麼樣的人，你都將繼續努力下去、堅持下去，每時每刻、每一天，直到實現來這裏的初衷。

這就是這個世界正在尋求的人，男人和女人。這就是我們想要派遣到北卡羅來納州、南卡羅來納州、佐治亞州、密西西比州，以及我們自己的阿拉巴馬州的男性和女性，你們要深入到我們成千上萬的人民中去，並帶來這樣一種觀點：我們這些人可以在各方各面控制好自己，並在各行各業中穩定可靠、值得信賴。

這些事情我已經講得非常清楚明白，因為我相信，這是我們種族應該更加關注的事情。如果一直生活在工業世界的邊緣，在別人放棄的工作那裏跳來跳去，那麼任何種族都無法興旺發達。冒着嘮叨重複的風險，我還是得說：我們必須高度關注此事。我們必須在勞動上，更值得信賴、更可靠穩當。當你回到家鄉，走進你的教堂、你的學校和家庭，請每天宣講、教導和談論這個信念。我們的人民必須變得穩定可靠、值得信賴，必須在他們所有的崗位上，不負所託、值得信賴。

我很遺憾地說，年輕人常常在談話中對這些問題避而不談。我們總是樂意聊聊火星和木星，聊聊太陽和月亮，聊聊天上和地下，天馬行空、滔滔不絕地高談闊論、誇誇其談，就是不去好好聊聊這些與我們現實生活有很大關係的小事。現在，如果我們不能用決心與信念澆鑄你們的精神，立志走出去，改變公眾的意

見，那麼我們種族前途未卜，前景暗淡，未來不可期。

　　但我對你們有信心，相信你們會在所有這些事情上，對自己有高標準、嚴要求。如果你們能在這裏呆上兩年、四年或五年，你們中的一些人會在所有方面控制好自己，我們殷切期望你們能成為你們將要教導的人的榜樣與表率。惟有如此，幾年之後，我所說的情況才會發生明顯好轉。在這些事情上的轉變，將使我們種族，在這些重要的方向上，更加堅定不移，奮發圖強。

教育的最高目標

在你們中的一些人看來，我一直在滔滔不絕地與你們談教育：正確的教育類型、如何獲得教育，以及諸如此類的主題。但肯定沒有什麼主題比這更合適了，因為你們來這裏的目標，就是接受教育。而如果你們想要接受教育，肯定希望得到最好的教育。

那麼，我敢肯定，如果我經常談論這個話題，或是經常提到這個話題，你們就會明白，那是因為我非常急切地希望當你們走出校門時，對於什麼是教育、教育意味着要實現什麼、教育可以為個人做些什麼，都有着清晰明確、正確無誤的看法。

我們很容易認為，教育，意味着死記硬背一串串的日期，能夠脫口而出某場戰爭發生的時間，能夠準確地背誦這個事件或那個事件。我們可能會得到這樣的印象：教育在於能夠死記硬背一定數量的語法規則、一定數量的算術規則，以及能正確地在地球表面上，找出這座山或那條河，叫出這個湖和那個海灣的名字。

現在，我無意去貶低這種培訓的價值，因為教育應該為我們做的事情之一，是讓我們擁有強大、有序和發達的頭腦。我不希望你們認為，我低估或忽視了頭腦的強化。如果有某個人比另一個人更值得可憐，那就是那個只有心、而沒頭腦的人。你會看到，世界上許多人，他們的心中充滿了美好的事物：滿懷希望地

做事，讓他人變得更好，或者想讓別人更快樂。但他們犯了一個可悲的錯誤：完全沒有隨着心的意願，去開發大腦。我們希望要開發大腦，強化大腦的力量。

我常常對你們說，教育可以為個人做的最好的事情之一，就是教他掌握他想要掌握的東西。而不是教他，如何死記硬背歷史上的一些事件，或地理上的大量名稱。我希望你們感覺到，經過這裏的教育，我們可以讓你們的頭腦，思路清晰、井然有序。訓練有素的頭腦，將使你們能夠找到歷史上事件的日期，或是當你們想要找地理上的名稱時，你們可以用手指把它們指出來。我希望給予你們一種教育，使你們能夠為自己構建語法和算術規則。那才是最高級別的訓練。

但是，這種教育畢竟不是教育的終點。那麼，我們所說的教育是什麼意思呢？教育的目的，是讓我們對於真理有所了解。無論我們從教科書中學到什麼，無論我們從工業生產製造中得到什麼，無論我們從各種來源中取得什麼，如果我們最終沒有獲得真理，那我們就不曾得到教育。我不在乎你們從歷史、地理、代數，或文學中學到了多少，我不在乎你們從所有教科書中學到了多少。除非你們掌握了真理，否則你們並未實現受教育的目的。除非你們對真理的理解非常純粹，以至於在任何事情上都不會謬以千里。否則，你們的教育是失敗的。

教育就意味着，讓我們在與同胞打交道時公平公正。一個男人或女人學會了絕對公正，那就是受過教育的。教育的目的，是讓我們變得更好、更深思熟慮、更心胸開闊。以至於我們不會因

為某個人屬於這個種族或那個種族，就努力給予幫助；也不會因
為另一個人屬於這個種族或那個種族，而試圖給他設置重重阻礙。

最廣泛和最真實意義上的教育，將使人努力去幫助所有人，
不分種族、不分膚色、不分地位。你會發現，真正受過教育的
人，是最善良的人，他會以最溫柔和藹的方式，對待不幸的人，
對待最受鄙視輕侮的種族或個人。受過良好教育的人，是對那些
不幸的人最體貼關愛的人。我希望你們從這裏走出去之後，遇到
受貧窮折磨的人，無論是精神上還是身體上，或任何不幸可憐的
人，你們都能竭盡全力，以善良和體貼的態度來體現你們受到的
教育。這就是檢驗一個人是否受過教育的方法。

你們可能會看到愚昧無知的人，他們還認為自己受過教育。
但當他們在街上閒逛，遇到一個不幸之人──跛腳，或者身體殘
疾、智力受損、說話結巴，就會去嘲笑那人。但受過良好教育的
人，真正有修養的人，是對每個人都溫柔體貼、富同情心的。

教育的目的，是讓我們在與同伴打交道時絕對坦誠真實。我
不在乎我們算術有多強，或者我們能找出多少個城市。除非我們
接受到讓我們絕對坦誠真實的教育，否則這一切都一文不值。

教育的目的，是讓我們給他人以滿足，並從奉獻、給予中獲
得滿足與幸福。它的目的，是讓我們從為同伴的服務中，獲得快
樂幸福。除非我們能夠從幫助同伴這件事中，獲得滿滿的幸福和
最大的滿足感，否則我們不算真正受過教育。教育是為了讓我們
變得慷慨大方、樂善好施、悲天憫人。我非常希望，當你們離開
這裏時，你們的所作所為能體現出你們已經學到了這一課，即在

所有慈善事業上慷慨解囊，支持你們的教會、主日學校和醫院，以及慷慨仗義地幫助窮人，扶危濟困。

　　例如，我希望你們中的大部分人，實際上是你們所有人，把每年向這所學院捐贈一些東西的行為變成一種習慣。如果你們每年只能捐二十五美分、五十美分或一美元，我也希望你們把它記下來，作為你們不會忘記的事情，每年給這所學院捐贈一點。我們將向那些，為我們做了很多事情、慷慨支持我們學院的朋友們表明，對於這所給予了我們幾乎一切的學院，我們投入了多麼大的興趣與關注！我希望每一位畢業班學生，尤其要牢記這一點。我很高興地說，有很多畢業生給我們寄了很多筆錢，即使是金額很小的一筆錢。一個畢業生在過去的八到十年裏，每年給我們寄十美元。我希望我現在看到的、站在我面前的畢業班中的一些同學，以後也會做同樣的事情。

　　教育的目的，是讓我們欣賞大自然中美麗的事物。一個人只有能夠走進沼澤和樹林，看到那裏高大樹木和低矮灌木的美麗，在環繞他周圍的花花草草中發現美。簡而言之，能夠在上帝創造的萬物中，發現和欣賞美好優雅、振奮人心和歡欣鼓舞的事物，這樣才能算受過教育。教育不僅應該讓我們看到，上帝放置在我們身邊的這些事物的美麗，而且還應該影響我們，讓我們將美麗的事物帶到身邊。我希望你們每個人畢業後，都能在家中佈置一些美好優雅、振奮人心和令人歡欣鼓舞的東西。我不相信，受過教育的人會住在骯髒污穢、悲慘冷清的小棚屋裏。受過教育的人應該學會了要住在一個乾淨整潔的房間裏，房裏有圖畫和書籍，

而且環境令人振奮。

　　總之，我想再強調一遍，教育就是要讓我們擁有那種文化、那種優雅、那種品味，使我們能夠坦誠真摯地對待我們的同胞。讓我們學會欣賞上帝創造的那些美麗優雅的、令人振奮的、鼓舞人心的事物。希望你們銘記在心：你們的教科書，連同它們的所有內容，都不是目的，而只是達到目的的一種手段。這種手段將幫助我們從生活中，得到最高級的、最精彩的、最純潔的、最美麗的事物。

錯失良機

　　今晚，我要對你們說的幾件事，對許多人來說，可能聽起來不太輕鬆愉快，不太鼓舞人心。但我想，你們會同意我的看法，它們是不可否認的事實。

　　首先，我們不得不承認一個事實，即我們種族的狀況，在很大程度上不同於我們周圍的白人的狀況。我們的能力與白人相比，也大有不同。我知道，我們喜歡說與此相反的話。我們做與此相反的論調時，自誇比白人強，曲子可以做得娓娓動聽，修辭可以用得誇張漂亮，文章可以寫得精彩華麗。我們的報紙文章，可以寫得完美無缺、盡善盡美。但是當我們直面確鑿無疑、冷酷嚴肅的現實時，將不得不承認：我們的條件和能力，與我們日常接觸的大多數白人，並不能相提並論、同日而語。

　　當然，這聽起來既不中聽，也不順耳。但若說我們與白人不相上下、旗鼓相當，那就等於是說奴隸制對我們黑人沒有任何不利或損害。這就是它的內在邏輯。下面我來解釋一下：假設一個人之前被關在病房裏，不能使用他的各項身體功能，不能使用他的身體和感官。當他被放出來後，放在一個身心健康的人旁邊。這兩個人的狀況能相提並論嗎？他們的能力能旗鼓相當嗎？才出生一周的小動物，雖然擁有它母親的所有特徵，但是否和母親一

樣健壯強大？如果茁壯成長，它遲早會和母親一樣強壯有力，但說它現在就很強壯有力是完全不合情理的。所以，我想，我們可以對自己這樣說：如果假以時日，發展得當，我們種族的條件和能力，將與任何其他種族的人一樣優秀、強大。

我們這個民族的能力和別人不一樣，必須面對的狀況也迥然不同。這使我們有理由相信：在考慮教育問題時，我們的教育方法，應該不同於那些能力和條件與我們全然不同的人適用的方法，這樣才是可取的。對於未來幾代人而言，我們最急需的，是一種能夠幫助我們最有成效地征服自然力量的教育。我指的是普遍意義上的，提供衣食住行、以及為未來提供充足的物資準備的教育。

請不要誤會我的意思，不要覺得我不相信每個人，無論男女，都能接受所有的教育，因為我自己也接受了教育。但是，至少在未來幾年，不可能我們所有年輕人，都能接受到所有可能的教育，接受到他們期望接受的所有教育。我相信，他們應該把精力放在接受最適合滿足他們當下迫切需要的培訓。

以蘇格蘭為例，那裏多年以來，高等教育唾手可得，人民文明程度較高，年輕人將時間和精力投入到研究玄學、法律以及其他專業中去，這也無可厚非。當然，我並非指，一段時間後我們不能擁有律師、玄學家和其他專業人士。而是我認為我們大多數人的努力，應該致力於保障我們生活的物質需求。

當你和普通人談論勞動時，尤其是工業性工作，他似乎馬上會反射性地認為：你反對讓他的頭腦接受教育，你只是想讓他

幹粗活。任何對工業性教育有所了解的人都知道，它教的恰恰相反：如何讓人省力氣、不幹活。它教會人讓水為他幹活，利用空氣、蒸汽，所有的自然力量。這就是工業性教育的意義所在。

　　讓我們做一個解釋說明。昨天我去了奶油廠，並對分離奶油的過程產生了極大的興趣。人唯一消耗的能量，是轉動曲柄所需的能量。該裝置的構造利用了自然力。下面將黃油製作的傳統工藝，與新式工藝進行對比。以前，要經過漫長、單調、乏味的工作，才能把奶油從牛奶中分離出來。再經過漫長難熬、曠日持久的過程，才能把奶油變成黃油。然後，即使一次性連着攪拌三四個小時，你還是只能收穫一點點黃油。現在，我們為你們提供工業教育的意義就是教會你們如何將頭腦運用到你們的工作中。

　　如果你的工作是製作黃油，你只需站在機器前用手輕鬆轉動曲柄，即可完美製作出黃油。

　　如果你正在學習化學，請確保從學院的課程中，掌握所有可能的相關知識，然後去其他地方上一所更高一級的學校。盡自己最大可能地精通科學。當你做到這一點時，不要因為你對化學有了很多了解，就坐等世人來仰望尊重你。果真如此，你會大失所望的。但是如果你想充分利用你的化學知識，請回到我們南方，利用這些知識，來使這片貧瘠荒涼的土地變得肥沃豐饒，並在以前農民製造出低劣黃油的地方，製造出優質、上好的黃油。以這種方式運用化學知識，你會發現你掌握的化學知識，會讓別人對你刮目相看，由衷地尊重敬佩你。

　　在過去的三十年裏，我們這個種族已經讓一些絕好機會從我

們手中溜走了。我擔心，部分原因是因為我們沒有像今晚一樣，在我讓你們追隨的方向上，進行充分坦率、推心置腹的交談。如果將來有機會到北方的任何一個大城市去，你將能夠完全明白我的意思。我記得，我第一次去北方的時候，那還是不久以前，看到黑人經營理髮店，這並不少見。我知道，有色人種可以通過這種方式，過上舒適而富裕的生活。而如今，在紐約或波士頓，你滿大街都找不到一家由黑人男性經營的、一流的理髮店。

那個機會已經錯失，而出現這種情況顯然有些不對勁。在離家更近的一些地方、去蒙哥馬利、孟菲斯、新奧爾良，你會發現理髮店正逐漸從有色人種的手中溜走。他們又回到了黑暗逼仄的小街上，開着低矮小小的店門。這些機會已經從我們手中無情地溜走，主要是因為我們還沒有學會讓勞動體面、有尊嚴。有色人種把髒兮兮的小椅子和黏糊糊的剃鬚刀，塞進看起來更骯髒污穢的小破店裏，而白人則在繁華的主幹道上開店，或者緊挨一些時尚的酒店。他們用柔軟別致的地毯、漂亮美觀的鏡子與其他舒適迷人的家具，把理髮店裝修得很華麗奢侈、絢麗多彩，並稱之為「理髮沙龍」。店主坐在他的豪華大班台前，施施然地數票子、點收現金。他把我們口中所說的苦差事，變成了賺得盆滿缽滿的盈利生意。

還有一個例子。你們可能記得，就在幾年前，大量有色人種佔領的最高薪工作之一，粉刷工作。幾年前，在波士頓、費城或華盛頓，不難看到有色人種帶着粉刷桶和長杆，進入某人的房屋進行粉刷。現在走進北方，你會發現從事這項工作的黑人少而又

少。白人懂得他們可以使這一勞動更體面尊嚴，他們在學校裏就開始研究它。他們掌握了化學知識，這使他們懂得混合哪些粉刷的必要化學成分。還學會了油漆裝飾和壁畫裝飾。如今，他們自稱「房屋裝飾師」。當前，粉刷的工作機會已經無可奈何地錯失了，也不再來了。既然這些人已經提升了這項工作的層次，並在其中引入了更多聰明的技巧，你認為還會有人允許一個拿着長杆和刷漆桶的老人家進屋嗎？

然後是厨師的領域。在整個南方，我們一直把烹飪的工作牢牢地掌握在手中。不管哪裏需要烹飪，都是有色人種的男性或女性掌勺。儘管我們仍然在厨師領域占據有一定的地位，但實際上，就連這個行業也正在從我們手中漸漸溜走。人們不喜歡總是吃炸肉，和幾乎完全由水和鹽製成的麵包。他們厭倦了這樣的食物，而希望為他們做飯的人，會在工作中動動腦子。為了滿足這一需求，白人將曾經卑微的烹飪活兒華麗地轉變為一種高尚職業。他們去學校，開始研究如何提升這項工作，如果我們可以根據北方幾乎完全沒有黑人厨師來判斷，我們應該可以相信，他們已經掌握了如何提升烹調水平。即使在南方這裏，黑人厨師也在逐漸消失。除非發奮努力，否則他們將完全退出烹調職場。黑人厨師在北方完全消失，是因為他們沒有緊跟上使用最先進烹飪方法的需求，也因為他們沒有意識到，世界正在文明的進步中，健步如飛地迅速前進。

幾天前，在芝加哥，我在一家時尚摩登的餐館裏，注意到一個相貌英俊的男人，他穿着光鮮體面，似乎是老闆。我詢問他是

誰,並被告知,他就是「厨師」,主厨。當看到一位男士穿得如此潮流時髦,表現出文質彬彬的氣息,卻擔任餐廳主厨的職位,我自然感到萬分驚訝!但我比以往任何時候都更強烈清楚地意識到,烹飪已經變成了一種高尚職業,變成了一份風光體面、有尊嚴的勞動。

還有另外一個機會已經悄悄溜走了,我們一提起它就會哈哈大笑,雖然這真的不是什麼好笑的事。如果我們想想,我們本來可以做一些什麼來提升它,就像白人做的那樣,我們就會意識到,這畢竟曾經也是一個商機。我指的是擦皮鞋。當然,在南方這裏,我們還是有一些機會,這很大程度上是因為這裏的競爭不像北方那麼激烈。在太多的南方城鎮,如果你希望你的鞋子被擦得黑油亮,你會等待遇到一個肩上鬆鬆垮垮斜挎着小箱子的男孩。當他開始給你擦皮鞋時,你極可能會看到,他用的是一把陳舊破爛、髒兮兮的鞋刷,或者更糟糕的是,一把硬毛刷子!除非你仔細地盯着他,否則,他極有可能會用粗糙的擦爐料,來粗魯地擦你的皮鞋。

但是,如果走進一個北方城市,你會發現,這種男孩根本沒有餬口謀生的機會。白人男孩,甚至是白人男人都開了擦鞋商店,他們配備了地毯、畫冊、鏡子、和舒適安閒的椅子,有時他們的鞋刷甚至是電動的。在擦鞋的同時,店裏還為顧客準備了隨手可以取閱的最新報紙。如此一來,他們便發達了。擁有並經營這樣一個地方的人,不會被稱為「擦鞋佬」。他被尊稱為某某「擦鞋商業中心」的老闆。而那個擦鞋商機對於黑人來説,已經一去

不復返了。現在有很多有色人種都懂電，但哪裏找得到有心的有色人，在擦鞋攤檔上運用他對電力這門科學的知識，讓擦鞋刷子自動運轉起來呢？

在南方，有人生病的話通知黑人老孃孃護士，是很平常的事。多年來，我們壟斷了護理行業。直到不久前，人們還普遍認為，除了那些黑人老孃孃護士，沒有人能做好護理。但這種想法正在隨風而逝，消失無蹤。在北方，當一個人生病時，他只會想到去請一名專業護士，去請獲得護士培訓學校文憑、或獲得權威機構頒發的專業證書的護士。

希望你們能夠理解領會我一直在說的這些一椿椿的芝麻小事。這一椿椿芝麻小事都表明，如果我們要緊跟上文明前進的步伐，關注生活中更大、更重要的事情，與此同時，也要關注這一椿椿細枝末節的芝麻小事。這些小事證明，我們做事情必須要隨時開動腦子。如果説教育有什麼意義的話，那就是開動腦子，投入到生活細枝末節的日常事務中，並在其中有所作為。這正是我們試圖通過我們學院，努力向社會傳遞的信息。

我們身邊有很多可以運用我們所受教育的機會。你很少能看到一個精通房屋建築、知道如何繪製規劃的人閒得無聊，他們要測試建造一流房屋所使用材料的強度。你見過這樣的能人巧匠失業嗎？你見過這樣的能人巧匠驚慌失措地到處寫信申請工作嗎？全世界都需要能把工作做好的行家裏手。到處都需要精通食物準備和供應全流程的男性和女性。我不覺得烹飪是卑微小事。即使在烹調這方面，也有很大的機會。幾天前，我遇到了一位女士，

她在我們這個國家和歐洲，花了數年時間研究食品經濟學的所有細節。我了解到，教育機構和其他以準備和提供食物為重要特徵的機構，源源不斷地需要這種懂行的專業人士。她在每個機構呆上幾個月，非常搶手，到處都需要她。因為她已將她所受的教育，應用於生活中最重要的必需品領域之一：食物領域。

所以你會在一生中不斷發現這一切：那些不斷受到追捧、很受歡迎的人，是那些充分利用自己的機會，不斷努力，精通他們嘗試做的任何工作的人。請始終確保你自己擁有可以謀生的技能，然後你不僅能獨立自立，而且能處於更好的地位，來幫助你的同胞。

之所以不厭其煩地談到這些，是因為我相信，它們是我們未來成功的堅定基礎。我們經常聽到有人說，某某人品德高尚。倉廩實，而知禮節。一個人只有一年三百六十五天，都有衣服穿，有東西吃，才可能有道德品質，才可能有信仰。許多犯罪發生的根本原因是，犯罪分子沒有獲得最基本的日常生活必需品。人必須擁有一些舒適和便利，當然是指最起碼的生活必需品，然後才能在道德或信仰上，成為他們本應成為的樣子。

信守諾言

我也不願意連續不斷地與你們談論，那些暴露我們種族性格中弱勢特徵的話題。但在我們生活中，有一些突出的特點至關重要，我們現在應該聚焦那些特別薄弱之處談一談。

幾個星期前，我提到了兩三個我個人觀察到的、關於我們種族不靠譜的例子，現在我再補充一二。

在三個完全不同的旅行場合，我當時覺得有必要與馬車夫事先約定，在早上的某個時間到達，送我去搭乘早班火車。但在這三個情景當中，馬車夫無一遵守諾言。在第一個情景下，馬車夫完完全全讓我失望，所以我不得不步行一英里或更遠的距離，去到火車站。而第二個情景是，馬車夫本來約好六點鐘到，但直到六點半才來。那時我已經開始步行了，走過了兩三個廣場，在他前往接我的地方的半路上，我遇到了他。第三種情形是，我們走到去火車站一半多的路程後，我們才遇見他，他至少遲到了一個小時。

我曾經說過，僱用有色人種工人的僱主向我抱怨說，這些工人領了一周的薪水後，就別指望他們在下周一早上重返工作崗位。在佐治亞州的薩凡納市，許多有色人種受僱為裝卸工人、裝卸船隻的搬運工。如果仔細閱讀報紙，你會注意到，最近僱用這

些工人的僱主，制定了一項新規則：他們拒絕在周末向碼頭工人支付全部工資，而是每周從為他們工作的每個人那裏，留出兩天的工資，在下周末再支付給他們。當然，通過這種方法，這些工人最終也不會有任何損失。它只是意味着，只要他們為一個僱主工作，僱主至少欠他們兩天的工資。當然，被拖欠工資的工人對此大吵大鬧，但當要求他們的僱主作出解釋時，僱主說：「根據經驗發現，如果在星期六晚上付清所有欠你們的薪水，我們就無法指望你們星期一早上回來繼續上班。你們容易在星期天喝個酩酊大醉，或者放蕩不羈，自甘墮落，以致第二天無法適合工作。」這是僱主在僱用這些人多年後做出的決定。

現在請仔細思考一下，我跟你們談過的那些事。關於最後一個，你們可能會說，薩凡納僱主的這一行為是出於偏見，是因為他們希望將扣留的錢，用於自己的私利目的，並且因為他們有權這樣做。可是你們可以很容易理解，如果一個人在他的生意中，日復一日、月復一月地感到失望，不久他就會得出結論：最好嘗試一個其他膚色和性格的馬車夫。如果這些薩凡納的僱主，年復一年地發現，他們不能依靠有色人種，來給予仔細周到、規矩本分、有條有理的勞動，他們就會尋求其他種族的人，來恰如其分地完成工作。

我沒有必要繼續保持這種語氣，並提醒人們注意其他此類事件。正如我之前告訴過你們的那樣，我們這個種族，必須對抗的弱點之一就是不靠譜。當然，我知道，一個人並不總是可以恪守約定，但如果無法信守約定，他很少會遇到沒有任何辦法向約好

的對方，傳遞自己無法遵守約定的消息的情況。至於那些讓我失望的馬車夫，如果提前兩三個小時傳來消息，說不能如約而至，或者請了另一個馬車夫來頂缺，我應該什麼都無需多想，也毋庸贅言。就薩凡納的那些勞工而言，當發現自己無法立即返回工作崗位時，如果他們已經通知僱主，說明自己缺勤的原因，他們的缺勤也許就會被原諒。但正是這種在職場上讓人大失所望的陋習，而且毫不在意雇主的看法，根本就無所謂他們的反應，讓我們這個種族背上了不靠譜這一破壞性極強的壞名聲。

我反反覆覆、直言不諱地談論這些事情，是因為我經常遇到一些僱主，或是我們種族的潛在僱主。每次當我與他們談論工作時，他們都跟我抱怨說，他們反對僱用有色人種的唯一理由，就是我一直在談論的這個問題，即有色人種的不靠譜。他們中的許多人說，願意僱用有色人種，很樂意給他們一些責任重要的職位，但找不到能兢兢業業堅守崗位的人。

你們可能會絕望地斷言：我們不可能成長和發展，不可能獲得高薪水的、受信任、責任重要的好職位，僅僅因為我們是有色人種。關於這一點，我來給你們講一個真實案例。幾天前我在新奧爾良參觀了一家大型糖廠。經營這家煉糖廠的公司僱用了兩百到三百名員工。我找到了負責公司所有簿記的年輕人，公司的所有業務和現金都流經他的手。我發現這個人是有色人種，而在他手下擔任職務的所有其他人，都是白種人。

我記得大約兩三年前，我在懷特山遇到了這家公司的一位合伙人，當時他跟我講了這個年輕人的故事。他告訴我，有很多人

來找他説：「你不應該讓這個有色人種來坐這個位置，因為有這麼多白人想要得到這個重要職位。」他對這些人説：「這個年輕人比我發現的其他任何人都做得更好、更令人滿意。只要他做這份工作，我就會聘請他。」現在這位先生已經去世，但生意掌握在他的遺孀手中，她對這位年輕的黑人管理大企業業務的能力充滿信心。這位先生的名字叫劉易斯，也許你們中的一些人認識他。他留在這個重要崗位上，實際上是這家大企業的高管之一。這個個案表明，不管什麼膚色，人可以因為自己內在的寶貴品質而崛起。當體現出自己值得信賴時，他便可以獲得升職提拔。

　　請牢記在心：無論是馬車夫還是商人，只要你無法履行約定，請務必提前向對方解釋，你為什麼無法履約，這非常值得。必須始終如一堅持如此，否則你將無法取得成功或升遷到受信任和責任重大的好職位上去，無論你受過多少教育。

　　正如我之前經常説的，如果我們不能從塔斯基吉和類似的學校，培養出可以信賴的年輕男女，那麼我們這個種族的名聲，在未來的歲月裏，不會太光鮮明亮。另一方面來説，如果我們能成功地培養出具有高度責任感、在生意業務上可以時時信賴的可靠青年男女，我們將在重塑我們種族的品格、提升我們種族的素質方面，邁出可喜的一大步。在這件至關重大的事情上，你們所有人都可以伸出援手、作出自己的貢獻。不要等到你們從塔斯基吉畢業走出去才開始，而是從明天早上就開始！每一位男生和女生，都要值得讓人信賴，並持之以恆、堅持不懈，直到信賴可靠成為你生命的一部分！

砥礪德行

今天晚上我要提醒一下你們，你們在學年結束後應該有的一些收穫。但是，除非你們下定決心去做好以下這兩件事，否則我多說無益。

第一件事，你們必須下定決心，牢記我下面將說的話；第二件事，你們必須把我的建議付諸實施。如果你們能打定主意實施這些建議，銘記在心，全力以赴將它們付諸實踐，我們就可以討論一下將在這一年中讓你們受益的一些建議。

我希望你們牢牢記住，任何性質的書籍、專業或工具，無論多麼徹底地掌握了它們，它們本身都不構成教育。吭哧吭哧地死記硬背一些書面資料，或者在掌控工具方面變得熟練靈巧，並非教育的最高目標。書籍、工具和工業，只是讓你們適應更高、更好的東西的手段。所有這些本身都不是目的，它們只是手段。所有教育的終極目的，無論是頭腦、雙手還是心靈的教育，都是為了使一個人變得優秀善良，益國利民，弘毅強大，以便有益地帶動和影響同胞們。

我希望你們在今年學會的一件事，是能夠正確地重視與利用時間。如果說有一堂課，我們都需要上好，而且要比任何其他

的課都要留下更徹底、更持續的深刻印象的話，那這堂課就是：我們生命中的每一分鐘，都具有至高無上的價值。當我們允許自己浪費哪怕一分鐘，我們就是在犯罪。請記住，在這所學院度過的每五分鐘，對你們來說都價值不菲。有多少人，到了六十歲、七十歲、八十歲之後，帶着悔意回首往事，會說：「我真希望，我能從頭再活一次。」但歲月不重來，他們不可能重新來過。他們所能做的，就是後悔自己以前白白浪費了寶貴的分分秒秒、寶貴的似水年華。

現在你們的人生還廣闊地展現在你們面前，而不是像這些耄耋老人那樣，他們的人生大部分已經成為過往。你們的人生還遠未結束，隨着學會重視時間的價值，你們的人生將會取得極大的成功。在這裏度過的每一分鐘，都不虛度，都能刻苦、認真地學習，或進行有益的休息娛樂。確保自己不曾虛擲光陰，不曾白白浪費時間。

此外要學會的一件事，是你們應該在這一年養成閱讀的好習慣。任何人，只要學會愛上好書，愛上最好的報紙、最好的雜誌，並學會一天中抽出部分時間與書籍報刊學習交流，便會是一個快樂喜悅的人。你應該讓自己達到這麼一種程度：如果沒有每天都花些時間來閱讀，你就會不開心、不自在。

你還應該在今年養成對每個人都友善和禮貌的習慣。一般而言，一個人對處於同一社會階層，或者在財富和影響力上高於自己的人，言辭彬彬有禮並不難。對一個真正的淑女或紳士的考驗

是：當他們接觸到一個地位更低、蒙昧無知，或貧寒窮困的人的時候，該如何表現？如果一個富足寬裕的人，對身邊蒙昧無知之人和貧苦清寒之人，都溫和友善、謙遜有禮，那他就是一位真正的、名副其實的紳士。當普魯士的亨利王子[1]在我們美國訪問時，我記得讀過對於一位接待過他的知名公眾人物的描述：「他是一位真正的紳士！他可以坦然面對尊貴的王子而沒有一絲一毫的尷尬緊張，也可以和藹可親、平易近人地面對貧困的窮人，而不會居高臨下，讓可憐的窮人尷尬不安。」

要學會和善親切地對每個人說話，無論對方是白人還是黑人。沒有人會因為紳士風度、彬彬有禮、以最高的尊重對待最不幸的人，而有任何損失。

還有，我們希望你們學會控制好自己的脾氣。有人說過，動物和人的區別在於，野獸沒有學會控制脾氣的方法。而每個人，乃至全人類，卻會接受教育和培訓。人類能學會控制自己，學會心平氣和，學會完全地控制自己的脾氣。現在，如果你們中的任何一個人，經常讓脾氣做自己的主人，聽任其控制和擺佈，那麼請下定決心，在這裏學會控制住它。要把壞脾氣踩在腳下，並宣告：「我會成為自己脾氣的主人，而不是讓它成為我的主人。」

另外，我希望你們擁有那種一往直前的勇氣，讓你們能夠在任何時候都敢於說真話，不管它要讓你們付出怎樣的代價。這樣

1　亨利王子（Friedrich Heinrich Ludwig, Prince of Prussia，1726 年 1 月 18 日－1802 年 8 月 3 日），腓特烈大帝三弟，普魯士將軍。

做，可能會暫時讓你不那麼受歡迎，可能會帶來不便，可能會奪走你珍視的東西。但培養出這種勇氣，不惜一切代價始終堅持說真話的人，才是最終會成功的人，才是最終會成為征服者的人。你無力承受說那些違心的謊言的代價。我所讀過的，關於羅斯福總統 [1] 的最美麗的事情之一，是有人寫到：總統最大的過錯之一，是他不知道什麼時候該撒謊、什麼時候能欺騙別人。他總是說絕對純粹的、坦率直白的真理。由於誠實正直，由於敢說真話，他成為了國家的領袖。

我們還希望你們學會，在與他人財產打交道時，絕對誠實正直。我們不妨直接、鄭重地說：我們最嚴重的罪過之一，我們的弱點之一，就是無法合理處理他人的財產並保持誠實。你們應該學會對室友、同學和老師的財產絕對誠實無欺。要下定決心，堅定不移，沒有什麼能誘惑你們走歪門邪道。那些一開始就亂掺和別人的財產和事務、一開始就學會攫取不屬於自己的東西、一開始就走下坡路的人，無不以窮困潦倒、悲傷難過和失望透頂的結局告終。你們要下定決心，心如鐵石，在任何情況下，都絕對誠實正直和誠懇可靠。請吸取我在這裏苦口婆心、諄諄告誡的那些經驗教訓，否則你們無法從生活中獲得幸福歡樂，你們的學校生涯無法過得稱心如意。

1 富蘭克林·德拉諾·羅斯福（Franklin D. Roosevelt，1882 年－1945 年），美國第 32 任總統，美國歷史上唯一連任超過兩屆（連任四屆，病逝於第四屆任期中）的總統，美國迄今為止在任時間最長的總統。

　　當我們談到誠實產生的第一個念頭可能是，這個詞只適用於攫取不屬於我們的財產的時候，但事實並非如此。一個人可能不誠實地佔用本屬於他人的寶貴時間或精力，就像佔用有形財產一樣。在走進教室、辦公室、商場、或商店時，有人可能會自問：「我今天怎樣才能躲懶少幹點兒，來打發這一天？」另一個人卻可能會不斷地自問：「我如何在這一小時，或這一天，滿打滿算地多投入、多努力？」現在我們期望，每一個從塔斯基吉走出去的學生，不是一個試圖能躲懶儘量少幹的人，也不是一個打算勉強只盡自己基本職責的凡夫俗子，而是一個高於平均水平的人，他會做自己職責範圍之外更多的事情。除非你們能比一般人更發奮努力，下定決心要做的事情，將遠遠超過自己的職責範圍，不然你們將會令我們大失所望。

　　我很願意看到，年輕男女，無論受僱的崗位是什麼，無論職責多麼微不足道或無足輕重，如果上班時間必須是八點整，我願意看到他們，在規定時間的前十到十五分鐘就開始工作。我很願意看到一個人，無論男女，如果關門時間是五點或六點，跑到負責人面前問：「我需不需要多待一會兒？在我下班之前，還有沒有別的事情需要做啊？」將你的整個心靈，投入到自己努力做的任何事情中。這就是誠實無欺。

　　這一年，還有一件事，你們應該學會，那就是要與世界上最優秀的人為伍。你們應該學會與學院裏最優秀頂尖的學生交往。以他們為榜樣，下定決心自己要逐月、逐年進步，直到你和他們一樣優秀，或者更優秀。你不可能一蹴而就，很快搞定這些，但

我希望你們每個人都下定決心，破釜沉舟，從今晚開始，終其一
年、並終其一生地努力發奮。要達到這些最棒的結果，對你們來
說，將是一場艱苦的努力與奮鬥。如果你們能一直堅持到底，到
準備離開這所學院時，你們將會發現，在這裏度過的所有時光，
都不負韶華、非常值得。

常懷服務之心

　　今晚我要花幾分鐘和你們講講「服務之心」。當你們第一次聽到這個主題時，你們的心靈和頭腦可能不會產生非常強烈的共鳴。但我向你們保證，當選擇這個話題來談論時，我心中只有關乎我們種族最高、最佳利益的那些事情。

　　「服務」這個詞往往被誤解，因此在很多情況下，它帶有貶低的含義。其實我們每個人都以某種身份為他人服務，或曰我們本應為人服務。基督說，要成為所有人中最偉大的人，就必須先成為所有人的僕人。也就是說，一個人付出的服務越多，就越偉大高尚。美國總統是全體人民的僕人，因為他為全體人民服務；阿拉巴馬州州長是僕人，因為他為本州的人民服務；蒙哥馬利最偉大的商人是僕人，因為他為自己的顧客服務；學校老師是僕人，因為他有責任為學生的最大利益服務；廚師是僕人，因為她有責任為她的工作對象服務；女傭是僕人，因為她有責任盡其所能照顧託付給她的財產。

　　從某種意義上講，每一個有所成就的人都是僕人。不是僕人的男人或女人，是一事無成、碌碌無為的人。很多時候，這種事司空見慣、數見不鮮：一個種族，就像一個人一樣，不會珍惜展現在面前的大好機會，直到這些機會悄悄溜走，消失得無影無

蹤。我們身為如今南方的一個種族，面前仍然擁有廣闊的為人服
務和發揮作用的領域。但我擔心，坐擁這些機會的時間同樣可能
不會很長，除非，我們改變對服務的看法，賦予它新生命，賦予
它新的尊嚴與智慧。

也許我的想法是對的，在過去的十年裏，沒有哪個生活領
域，像家政服務行業或家務管理行業那樣，取得如此巨大的進步
和提升。不讓自己變聰明的廚師，不學會以最新式、最整潔、最
衛生的方式做事的廚師，很快就會發現自己再也找不到工作，或
者至少會發現自己已成為市場上的「滯銷貨」，而不是備受追捧
並獲得高薪的人。女人如果跟不上所有最新的裝飾和佈置餐桌的方
法，以及把食物擺放在餐台上的美觀、恰當方式，幾年之後就會發
現她的職位消失了。普通家務、洗燙衣物和看護護理也是如此。

我一直在談論的所有職業，在南方，目前都還掌握在我們手
中。但我重申一遍，在世界各地，所有這些職業都有了長足的進
步，我們將發現自己會失掉這些職業，除非我們的婦女繼續昂頭
前進，擺脫這些職業只適合沒文化的人做的過時觀念。目前，在
家庭服務的各個領域，已經出現了數十種書籍和雜誌。人們正在
學習以智能和科學的方式做事。不久前，我花了一個小時聽一個
關於除塵主題的講座，這是我度過的最有價值的時間之一。講授
除塵課程的，是一個受過高等教育的、很有教養的女士，聽眾都
是有錢、有教養的人。我們必須讓自己擁有這樣一個認識：一個
把飯菜做得很美味可口的廚師，應該和在學校教書的受人尊敬的
老師一樣平起平坐，受到同等的尊重。

　　我所說的關於我們女性的職業的情況，同樣適用於我們男性從事的職業。誠然，目前主要是我們在耕種南方的土壤，但如果其他人懂得比我們更聰明地做這項工作的方式，更多地掌握了節省勞動力的機器，並且對待工作比我們更認真專注，我們將會發現就連種地這個職業，也要離我們而去。過去，在北方許多地方，馬車夫是黑人。但在很大程度上，在紐約和費城這樣的大都市，黑人已經失掉了這個職業。在我看來，失去這個職業，不是因為他們是黑人，而是因為在許多情況下，他們並未看到馬車夫這種職業在不斷改良、進步。經過改進和提升，到現在為止，趕馬車幾乎已經成為一種地道的專業性職業。希望繼續做車夫的黑人，應該學會穿馬車夫的恰當着裝，並學會如何以最公認恰當的方式，照顧好馬匹和馬車。

　　馬車夫的現狀也適用於管家。我擔心，在太多情況下，我們只是把這些職業當作墊腳石，粗枝大葉、敷衍了事、馬馬虎虎對付着混飯吃，直到找到其他事情做。我們希望改變這一切，全心全意地投入到這些職業中，使它們成為畢生的職業。隨着這樣堅持不懈的努力，我們將為子孫後代奠定良好基礎，以達到更高的境界。每個種族的發展基礎，都必須建立在家門口常見的日常職業中。我們的想法不應該是，去看看可以在工作中偷多少懶，而是能多努力、多投入多少；不是能多迅速地打發走任務，而是能夠多麼圓滿地完成它們。

　　我常常希望，能有辦法在每個城市，建立起一所大型培訓學校，教授各種家政服務。沒有什麼比這樣的學校，更能增加我

們種族的基本作用了。也許有人會提出，我的論點只涉及我們為白人服務。但它指的是，無論我們為誰服務，都要以最好的方式完成任何工作。為黑人服務欠佳的人，為白人服務也好不到哪兒去。讓我闡明一下我的觀點。幾天前，我在南方的一個城市，找到了一家由有色人種經營的大酒店。這是我在全國所有地方能找到的，最乾淨、最完美和最吸引人的有色人種酒店之一。在與酒店老闆交談時，我詢問他們必須克服的最大障礙是什麼，他們告訴我，必須要找到這樣的有色人種女性在酒店工作：她們會系統地、妥善地完成她們的工作，一言以概之，要保持酒店各個部分的房間徹底清掃和清潔。這家酒店開業三個月了，這期間老闆僱傭了十五個不同的女服務員，把其中很大一部分都辭退掉了，只是因為他們下定決心絕不僱傭那些工作幹不好的人。

目前，與整個南方家政服務就業有關的一個劣勢是：我們的人民太輕易就能找到工作。如果每個僱用家政人員的家庭，都遵循這樣的規則：即除非家政人員帶來上一任僱主的推薦信，否則不得僱用任何男性或女性。那我們將發現，整個家政服務將被百分百地提升質量。如果家政人員在僱主家裏不好好幹活，同時還可能會糊弄人，但還是能被其他家庭僱用，而無需考慮他們給上一任僱主提供了什麼水準的服務。那麼，家政服務會一直很糟糕，一直不能盡如人意。

除了家政服務這個職業以外，許多白人很少和黑人打交道。如果他們對我們在家政方面的品性和服務認識欠佳，就會推斷出，黑人的整個生活，從各個角度來看，都是令人不滿意的。我

們要確保，無論與白人的生活有什麼接觸，要注意自己的行為舉
止，要儘可能給他們留下最好的印象。

　　儘管我發現了以上的缺點，但在結束今晚的講話之前，我還
是要提這麼一點：我承認，在類似的情況下，沒有哪個種族的人，
能在三十五年中取得比黑人種族更大的可喜進步。我今天說得如
此開誠佈公、如此坦白直率，為的是讓我們未來的進步，要比過
去還要更大得多！

你能為他們做些什麼？

我們形成在學院這裏舉行塔斯基吉黑人代表大會的傳統，已經有八九年了。若干年前，我們中的一些人突發奇想，與其將學院的工作，僅局限於學院圍牆內的學生羣體，我們或許可以延伸和擴大範圍，伸出援助之手去嘗試幫助學生家長，以及住在鄉村地區的老人。並且如果可能的話，也包括城裏的人。

因了這一目的，若干年前，我們邀請了大量的男士與女士，來和我們一起度過這一天。並在這裏，以非常簡單明瞭、直截了當的方式，告訴他們，我們對他們的物質、道德、和宗教狀況的看法。接着，在同一天的下午，聽取他們的意見，告訴他們這所學院及其他學校可能給他們提供什麼樣的幫助，他們自己覺得可以如何自立、自助。

這些簡單而小型的會議，成長為我們現在所謂的「塔斯基吉黑人代表大會」。在過去的幾年裏，與會人數已經從九百人，增加到一千二百人。我們現在人數眾多，大部分人來自農場，從事農業工作；我們現在還有「工人代表大會」，它在黑人代表大會的次日舉行。這次工人代表大會，匯集了南方所有大型黑人教育機構的代表們。今年的這些會議，將於下周三上午開始。我今晚想與你們討論的實際問題是：

我們可以做些什麼，來促使這次會議取得成功？

你能為大會做些什麼？

大會能為你帶來什麼？

我希望你們能理解全國正在興起的觀念：現在很少有學校，將自己和工作限制在教室裏，以傳統方式進行授課。現在很少有人，像幾年前那樣，將自己和工作限制在，通過傳統授課接觸到的少量學生身上。在許多情況下，他們有自己的大學推廣宣傳事務。他們以這樣或那樣的方式，伸出雙手，聯絡上年輕人，也聯絡上更年長的人。正因為如此，塔斯基吉正在通過這次會議，做同樣的事情。

在這幾天裏，我們將有成百上千的農民，攜妻帶女聚集在這裏。我們希望學院中的每個人都下定決心，可以做一些事情來幫助他們。希望今晚在座的每個人都感到，來賓們聚集在塔斯基吉的期間，我們每個人都肩負特殊使命。我們有時把這個特別的日子說成是來賓們一年中重返校園上學的一天，也就是在這一年三百六十五天中的唯一的一天，或許他們會給予與自己相關的事情最大的重視與關注。邀請他們來到這裏，不僅我們學院的老師和領導有責任，而且這裏的每一位學生也肩負責任。我希望大家能思考一下，看看他們在學院的短暫逗留期間，你們能在多大程度上吸引住這些來賓，激勵他們，鼓舞他們，使得他們離開這裏時，覺得花時間來學院參加這次會議是非常有價值、有意義的。他們中的一些人，要經過很遠很遠的路，長途跋涉、風塵僕僕才能來到這裏。

來這裏的有些人，就書本而言，是文盲。但我想讓你們知道，並不是每個不會讀、不會寫的人都是蒙昧無知的。我遇到過一些目不識丁的人，但是從他們那裏，我學到了很多。很多來這裏的人可能大字不識，不會讀、不會寫，儘管如此，我們還是可以從他們身上學到一些東西。而他們參加這裏的會議，也同樣可以從我們這裏學到一些東西。

我希望你們能樂於陪伴好這些來賓，帶領他們參觀我們的商店，引導他們走遍我們的農業系和機械系。確保盡一切努力，讓他們在此期間，感到自在舒心、歡喜快樂。迄今為止，學生們都非常落落大方。會議期間，如有必要，很多學生慷慨大方讓出了自己的房間，讓這些來賓可以舒適地住一晚，過夜休息。我不知道你們會在哪裏睡覺，不過我認為，在學院的歷史上，從來沒有一個學生，在被請求將他的房間讓給任何一位來賓的時候，未欣然和慷慨地這樣做。我相信，今年你們也會如此。

我還希望你們牢記，你們不僅可以通過對來自本州和其他南方州的農民，保持彬彬有禮和熱情友善的態度，而且可以通過對將到訪這裏的大型教育機構的代表們，保持以禮相待和滿腔熱情，來幫助會議取得圓滿成功。我們將有來自從事教育我們種族的各大教育機構的諸位代表前來出席會議。對這些大型學院和工業學校的校長和教師來說，放下手頭繁忙的工作，像許多人一樣，千里迢迢地來到這裏，在這裏度過幾天重要的日子，意義非凡。我們對他們負有責任：希望他們認為放下手頭的繁忙工作，花費不菲的時間和金錢，來這裏參加這些會議是不虛此行、非常值得的。我們希望，

他們能從我們這裏的生產製造中學到一些東西；我們希望，他們在這裏每個系的培訓中都能獲益，可以將這些東西帶回自己的學校，從而使他們那裏的工作日趨完善和更加強大。

　　現在談談你們自己。儘可能地抓住一切機遇，你們就能在這次會議中收穫滿滿、受益匪淺，這樣，當自己有朝一日離開塔斯基吉時，你們將獲得更多有用的信息來付諸實踐。我期待看到你們畢業後走遍南方，並建立地方會議。把人們召集到一起，教授塔斯基吉這些會議上教授的同樣的課程。你們可以充分利用好從這次會議學到的東西，付諸實踐，使他人幸福快樂。從生活中獲得最大的幸福，就是讓別人幸福快樂。從生活中獲得最大的益處，就是為別人做一些事。我希望你們找出最愚昧無知、最窮困潦倒的人；我希望你們找到最凄涼孤獨、最灰心絕望的人，為他們做點什麼，讓他們度過快樂時光。通過這樣做，你們也將為自己做最多的事情。

　　我希望每個屬於我們學院的男生和女生，內心深處都是一位紳士或淑女。紳士，只有這個簡單的意思：一個慷慨無私的人；一個學會了善良仁慈的人；一個學會了首先考慮的不是自己，而是他人的歡樂與福祉的人。如此而已。讓我們將這種精神，融入到下一周的大會日，這一天和這一周，將是我們所經歷過的、最偉大和最成功的一天。來到這裏的賓客，無論他們代表大學、學院、工業學校、農場、還是商店，讓我們下定決心做到：當離開這裏時，他們將從塔斯基吉帶走的東西，會讓生活更快樂、更光明、更強大、更有益！

路在何方？

　　上周四下午，我收到了一位紳士的電報，他在佐治亞州的某市逗留，要我馬上去那裏處理一項重要事務。我很想知道他對我有什麼要求，於是如約而至。我發現這位先生正在擬訂遺囑，並且他的想法是，在遺囑中為我們這所學院留出一筆金額不菲的錢：實際上是大約兩萬美元。

　　這位先生想諮詢我的特別的一點，是我們學院的未來會如何。他說，他為自己的錢付出了很大的努力，這些錢是做出了很多犧牲，經過艱苦努力、來之不易的成果。他的一些朋友懇求他把錢用在其他方面，因為他們認為，在其他地方更有可能做長久的善事。所以他迫切地想知道，我們這個學院的未來可能是什麼樣，因為他不想把自己千辛萬苦掙來的血汗錢，冒險投入到一個不確定風險的項目中去，它可能會繁榮幾年、之後就凋零失敗。如果學院不能長期存在，並完成一定數量的善事，他不願意把他的錢捐給學院。因此，他一遍又一遍地向我重複的問題是：「塔斯基吉的未來，將是什麼樣的？」他想知道，如果我們學院得到這筆捐贈款項，是否會年復一年地持續發揮作用，給一代又一代人帶來福祉。

　　我今晚與你們談話的要點是，我認為我們的好朋友布朗教

授，在本周與我們的一兩次談話中，已經提醒我們要注意的內容：如何使我們這所學院成為它應有的樣子，它的社會榮譽賦予了它什麼，它的校名蘊含着哪些意義，這些內容都非常重要。

我記得我談到的那位先生，非常強調地向我重複了這一點，就外部社會而言，塔斯基吉是真實可靠、肯定無疑的。我們學院也將繼續得到社會上的支持與厚愛，對此你們不必有一絲一毫的懷疑。如果我們在校內把事情做好，如果學院值得支持與援助，那麼我國富有的人就會慷慨解囊，支持並資助它。我的這種印象一年比一年多了，而且每年都有越來越多令人信服的證據表明，對於我們這所學院的持久和發展，我們並不用擔心南方或北方民眾是否會支持它。我有信心認為，我們學院將得到支持與贊助。但隨之而來最有壓力的問題是：

我們配得上那種支持與厚愛嗎？
我們配得上公眾的高度信任嗎？

這是最嚴肅鄭重的問題，也是沉甸甸壓在我以及這裏的老師心上，重如泰山的問題。

現在，要令人滿意地回答這些問題，只有通過證據表明，每個學生，每個與學院有任何聯繫的個人，無論能力高低，都會把他們的全部良知投入到這裏的工作中。當我提到工作，我指的是：書本的閱讀、雙手的勞作、身體的拼搏、心靈的意願。不管是什麼事情，把你的良知放進去，全力以赴、盡力而為。讓你有

朝一日能夠說：「我業已全心全意地投入到我的學習、工作和任何
我嘗試過的事情中。無論做什麼，我都已竭盡全力、誠實無欺地
努力去做了。」

這位紳士問我的問題，以及類似的問題，全國人民一遍又一
遍地問過我們。解答這個問題的辦法只有通過把我們的良知投入
到工作中，並且完全不懷私心。讓每個人每天都習慣於把他人的
舒適富足和幸福安康列入日程，讓每個人都不遺餘力兼愛無私地
生活。銘記《聖經》所說：「凡要保全自己生命的，必喪掉生命。」
你從未見過一個人，在這種更高的意義上，在基督般的精神上，拯
救自己的生命，除非那個人願意日復一日地為了他同胞的利益福祉
而犧牲自己。這樣的人拯救了自己的生命，並在拯救自己生命的過
程中，拯救了成千上萬的其他生命。

這些問題，不僅可以通過把我們的良知投入到每一次努力行
動中去得到令人滿意的回答——無論是何種的努力還可以通過每
天改進前一天所做的事情來解決。在大型學校和機構中，很容易
找到這樣的一些人，他們兢兢業業、認認真真地每天打掃清除房
間，或在一年中的特定季節耕耘播種，在一年中的其他特定季節
做其他事。但最少見、最難找到的是改進清掃房間、耕種土地和
種植玉米的方式的人。我們不妨捫心自問：

我們是否要每年都絞盡腦汁、冥思苦想，以便能穩步前行，
年復一年地不斷改進？

我們是否會養成習慣，用心思考在這裏的工作，讓這個習慣

成為自己的一部分？

　　當我們走出校園步入社會時，是不是會滿足於找到一個餬口的工作，然後以同樣單調乏味的方式繼續工作？

　　我們是不是要千方百計，開動腦筋，直到我們的工作在每一個可能的細節上都得到精心改進，變得更輕鬆簡單、更系統有序、更方便快捷，我們才會滿意？

　　我們必須把頭腦投入到工作中。學院的每個系，每年都必須有進步。學院絕對不可能原地踏步、停滯不前。逆水行舟，不進則退，學院每年都會變得更好或更糟，變得更蓬勃向上、繁榮昌盛、利國利民，或是更衰弱消沉、百無一用。

　　這個學院如果要成長發展，只有通過讓每個人將思想投入到工作中，通過籌劃如何改進每個系的工作，通過孜孜不倦的努力使工作對學院更有幫助，通過保持工作的場所更一塵不染、井然有序，並使工作更為商業化和系統化，才能實現。全國各地的人們對我們學院提出的問題，要得到滿意的回答，這是唯一的途徑。

　　你們會發現，人們越來越多地向我們尋求實實在在的工作成果。不僅在這裏，在全國各地，我們的種族都會被要求回答：「這個種族能真正完成什麼任務？」我們的朋友和我們的敵人都完全了解，我們可以編寫妙筆生花、字字珠璣的報紙文章，發表出口成章、妙語連珠的演講，演唱宛轉悅耳、娓娓動聽的歌曲，演說滔滔不絕、頭頭是道的話語，諸如此類。這一切都很好理解和承認。但是，將越來越迫使我們回答的問題是：

我們能把自己的想法弄清楚嗎？

我們能把它們變成實實在在的東西嗎？

我們可以通過這些，讓世界每天都看到我們智性的真憑實據嗎？

去年冬天，我去了愛荷華州的克林頓鎮。我以前從未聽説過這個地方，當我到達那裏時，驚訝地發現它是一個擁有超過一萬六千名居民的鎮子。接待我的那位先生，請我去一家有色人種餐廳。我原以為會走進一家由我們種族經營的那種稀鬆平常的餐館。當他帶我走進一棟整整兩層樓的建築時，我感到非常驚訝。地板鋪着高雅大方的地毯，這裏的一切都儘可能地令人愉悦和有吸引力。事實上，與我國最大的一些城市的許多餐廳相比，這家餐廳高出一籌。服務員乾淨利索，服務令人感到賓至如歸，一切都無微不至、有條不紊。除了店主的膚色之外，沒有任何東西表明，這個地方是由有色人種經營的。

後來，我的朋友帶我去了另一家同樣大小的餐館，它由另一位黑人以同樣值得信賴的方式經營。在這兩個例子中，我發現這些先生們不僅經營着常規的餐館生意，自己製作糖果和冰淇淋，而且還做着批發餐飲的業務。我詢問那裏的白人對有色人種的看法，無一例外，他們都對有色人種有着毫無保留的信任。關鍵是，那裏沒多少有色人種在用餐，顧客絕大部分是白人。這可能印證了白人對他們良好的評價。這裏只有兩位黑人，但他們的為人處事可圈可點。這個鎮的人沒有見過很多黑人，但對我們來説幸運的是，他們帶着我見到了我在這個國家所有地方都沒見過

的、我們種族中最出色的兩個榜樣。因此，在那個鎮上，沒有人咒罵黑人。每個人都對黑人充滿信心，並尊重推崇我們。

只要我們能在全國範圍內建立這樣的實例典範，你就會發現，現在如此令人困惑的問題都將迎刃而解、完全消失。在此之前，我們將無法通過喋喋不休的談論或面紅耳赤的爭論，來徹底消除這種偏見、爭取我們的權利。我們必須以自己的方式努力工作，以自己的方式積極思考，從而贏得我們的權利。你們會發現，若是如此，做得越多，我們就越能得到我們應得的一切。

見微知著

　　今晚，我將就「見微知著」的話題和你們聊聊。有些微小而重要的事情，我說它們很偉大，因為它們確實至關重要；我也說它們很微小，因為它們通常屬於被許多人視為微不足道、無足輕重的芝麻小事。但在我們這樣的學校中，我認為這樣一些芝麻小事的重要性，常常佔據首位。在我們應該學到的東西當中，它們屬於頭等重要的一類。

　　你們應該還記得，牧師在今天早上的佈道中，提到了我們本性的三分法：身體部分、精神部分和靈魂部分。我今晚要談的，主要與肉體相關，即與我們本性的身體部分有關的內容。有些小事，與照顧好自己的身體健康有關，你們每個人現在就應該學習。如果現在不立刻學習，可能今後一輩子都不會懂。你們現在正處於分道揚鑣、各奔東西的十字路口：要讓這些良好習慣，成為自己的一部分；否則它們就會永遠離開你，你窮其一生，都會在某個方面單薄體弱，因為你未曾讓這些好習慣成為自己的一部分。

　　我會講得非常直截了當、直白坦率。因為我認為那些不痛不癢、閃爍其詞的談話，沒有任何意義、徒勞無功，除非是用每個人都能明白和理解的話來講。目前，上寄宿學校的人，應該首先要學會的東西，是養成定期、有規律地洗澡的習慣，如果還沒有

在家裏養成這個習慣的話。我經常會感到驚訝，因為似乎沒有養成洗澡習慣的人是如此之多。一個人如果沒有養成這種習慣，就無法在生活中取得最大的成功。一個不養成保持身體清潔習慣的人，就無法做這個世界上最高層次的、最大工作量的工作。與養成保持身體健康習慣的人競爭時，你會發現，在人生的競賽中，擁有這些習慣的人往往會獲勝。我想你們中的許多人已經從生理學中了解到，在與疾病作鬥爭時，如果兩個人因患有相同的疾病而卧牀，保持清潔習慣的人，比尚未養成清潔習慣的人，有更大的機會康復。有愛護身體習慣的人，學習狀態也更好。他可以忍受長期劇烈勞累的狀態，而身體不潔的人，則容易體力不支。

再以牙齒為例。不把牙齒的清潔和適當護理作為自己生活重要組成部分的人，不能自稱受過教育、有教養。我說讓這樣的事情成為你自己的一部分時，意思是你應該把它變成一個強大的習慣，以至於不做它就會覺得不自在。有人曾説，人就是由種種習慣塑造而成的。有許多良好習慣，我希望你們把它們變成自己的一部分。希望你們能通過不斷實踐，讓它們真的可以成為自己的一部分。

還有頭髮的清潔護理，每個人都應該把它變成自己生活的一部分。此外還有對指甲的恰當清潔護理。

所有這些都是普普通通、平凡無奇的小事，但見微知著，小事見人品。如果年輕人尚未養成按部就班地護理牙齒、頭髮和指甲的好習慣，我應該不會強烈推薦他們從這個學院畢業，走出校門。你們是否將這些功課視作自己密不可分的一部分？

就拿來到這裏有兩三年的年輕人來說吧。你是否已經成長到有了這樣一些感覺：如果頭髮不梳、指甲骯髒、身體不夠乾淨，服飾不夠整潔時，你就會感到局促不安、渾身不自在。如果還沒成長到這個狀態，哪怕即將畢業了，你的教育也會出現麻煩。你尚未做好離開這個學院的準備，無論你是在畢業班還是在預科班。

還有另一件事：我得承認，我無法對一個日復一日鈕子掉了也不補就出門的人，懷有最高的敬意。鈕釦如此便宜，沒有任何藉口説補不起鈕子。我想知道，如果現在請在座的，衣服上所有鈕釦都齊全的人站起來，你們當中有多少人能站起來。對於一個日復一日讓她的圍裙上留下一個洞總也不去補上的姑娘，我也無法持有最美好的印象。對於外套上有油漬，而自己發現也不立即去擦掉的人，我也不會有好感。

當你養成擦亮皮鞋的習慣，你會更自重，別人也更尊重你，無論你身在何處，包括在校時。每位男性都應該養成把皮鞋擦亮的好習慣。確保自己的皮鞋一直乾淨整潔。

説過上面的話之後，我在此無須多説，每個人都穿着最乾淨的亞麻布衣服是至關重要的。我如此開誠佈公地對你們説話，那是因為我希望，把這些事情變成你自己密不可分的一部分，以至於它們對你的幸福和成功舉足輕重、不可或缺。我希望每一個離開這裏的女孩，都在着裝方面近乎完美，哪怕有一個細節沒有注意到，也都會不開心；我希望男孩們也能如此。讓這些事情對你們在這裏的學習，以及你們今後的人生產生重要而又深遠的影響。

然後，最重要的一點，這裏的學生人數眾多，宿舍非常擁

擠，即使如此，你們也需要付出更艱苦的努力，養成做事井井有條、幹淨利落的習慣。讓你的室友都學會讓所有的物品都及時歸位。要取用房間裏的東西時，始終知道應該將手放到哪裏，無論是在明亮的燈光下，還是在黑燈瞎火的夜裏。

然後，還有一兩件其他的小事。不管是在房間裏還是在工作中，或者與同學的談話中，你都應該保持安靜。安安靜靜地工作，輕手輕腳地關門。你可能無法意識到，所有這些小事，對你的幸福歡樂，以及對於隨着歲月的流逝，你將塑造的男子漢氣概或女性端莊氣質，大有裨益。

總而言之，一定要讓生活井井有條，這樣你才能養成閱讀的習慣。每天留出一定的閱讀時間，即使不超過四五分鐘，也可以在課餘時間進行閱讀和學習，閱讀那些旅行、歷史和傳記類書籍。我希望你們今年，能前所未有地光顧和流連於圖書館。圖書館裏有大量最高水平的作者寫的各類書籍。

保持你所有習慣的慣常性。保持有規律的學習、休息娛樂和睡覺。

最後，但絕非最不重要的一點是：留出固定的時間來思考，獨自沉思冥想。好好剖析自己，對自己“吹毛求疵”，看看你在哪裏薄弱欠缺，需要加強。好好自我剖析、自我評價。要擺脫所有妨礙你前行的阻力，並在每周結束時，下定決心，將前一周的自己拋在身後，砥礪奮進、不斷進步。你會發現，在學院九個月的學習行將結束時，在培養男子漢氣概和女子端莊氣質至關重要的方方面面，你都變得更為強大了。

致未來的教師

　　今晚站在我面前的許多人，離開學院這裏後，在一段時間之內將以教書為生。而且，即使你們將來不會把教書作為終生職業，我也還是要和你們討論一個我在別處講過的話題：如何在南方建立一所好學校。

　　南方的有色人種學校，特別是鄉村地區和小城小鎮的學校，由州政府撥款維持開放時間，每年通常開放不超過三四個月。對於老師和家長來說，最大的問題之一，就是如何將學年延長到七八個月，這樣學校才能真正有所作為。

　　我打算給出一些簡單直白的建議。如果認真遵循這些建議，你們幾乎可以在每個社區中建立一所好學校。對這一點，我不是憑空想像，因為不止一個塔斯基吉畢業生，已經按照我勾勒的計劃，成功建立了好學校。

　　首先，教師必須願意在社區定居下來，覺得那裏就是自己的家，並把在那裏教書當成自己在那裏生活的主要目標。不僅不能如無根浮萍，四處漂泊，認為每三個月就可以從一個地方搬遷到另一個地方。而且必須覺得，自己不是單單為了薪水而工作，必須要有奉獻精神，願意為社區的利益做出犧牲。

　　接下來是找一個方便的校舍。通常，在遙遠的南方，州政府

無力建造校舍。如何才能保證校舍的建立呢？一個好的校舍應該是經過精心規劃的。老師或其他人應該穿梭於社區的人羣中，不管是有色人種還是白人，請每個人都捐獻一些東西，用來採購木材。無論捐錢的金額多麼小，或者如果捐獻的不是錢，也不管捐贈物品的價值多麼小。涓涓細流匯成海。當年我們開始籌建塔斯基吉學院時，一位黑人老奶奶給我送來了六個雞蛋，作為她對我們學院的捐助。

如果通過捐助和籌款，仍無法獲得足夠的資金來支付木材用款，那麼晚餐會、節慶日、娛樂活動或教堂籌款可以幫上大忙。買到木材後，可以請求家長，用他們的運貨車「湊分子」把木材免費拖走。之後，至少要找到一位好木匠帶頭建造校舍。社區的每個成員都應該同意在幫助建造校舍時付出一定天數的義務勞動。在建造工作中，年紀稍長的學生可以提供很多幫助。由於參與了校舍的建造，他們將會對校舍產生更大的興趣與關注。通過這些不同的方式，通過耐心細緻的努力，幾乎任何社區都可以建成一個有着良好框架的校舍。

在可能的情況下，以開放三四個月的公立學校為起點，與學校負責人合作，但不要讓學校在這三四個月結束後就馬上關閉。因為如果那樣的話，那基本上辦學收效甚微，幾無收穫。

老師一進入當地社區，就組織人們成立教育協會或社團。召開每周一次或兩周一次的例會，討論學校的改進方案。

延長學期的方法有很多。一種是在學校上課期間，請每位家長每月支付十美分、十五美分、二十五美分或五十美分。經常性

地，無法用現金支付的家長可以給老師雞蛋、雞、黃油、紅薯、玉米，或其他能為老師提供食物的農產品。另一個方案是，讓每個農民留出一部分土地，將這塊土地上收穫的所有農作物都交給學校。還有一個方案至少在一個地方已經成功實施，而且我很看重它，是讓老師通過租用或購買，來獲得一小塊土地，比如兩到五英畝的地，讓孩子們一邊上學一邊耕種這片土地。這樣一來，可以種出三捆包棉花，或是各種蔬菜和糧食。可以出售這些產品，補貼學校開支，這樣一來，學年也可以從三個月延長到六七個月。

　　有的家長一開始可能會有所反對，但他們很快就會發現，學校下午一兩點放學會更好。這樣孩子們就可以在學校的土地上幹一兩個小時活，從而可以讓學校開六七個月，而不是三個月結束後就完全關閉。後一種方案還有另一個優勢：老師可以通過這種方式，以實際操作的方式教給學生更先進的耕作方法。對他們來說，關於農業原理的簡短交談，比花時間死記硬背記住中非某座山峰的名字更有意義。大多數情況下，校舍周圍有足夠多的土地供學生耕種。

　　在任何可能的情況下，老師都應該在社區購買房屋，並以各種方式，使房屋成為周圍民眾的治家典範。老師應該種田，或者在不教書的空隙做一點兒生意。這不僅對自己有益無害，而且為社區中的人們樹立了一個自力更生的好榜樣。如果教師是女性，她可以通過縫補衣物、製作女裝、或飼養家禽來增加收入。

鍥而不捨

　　今晚，我想和你們探討一下「鍥而不捨」的意義。我希望你們從一入學時就明白，必須堅持不懈地去做自己所從事的工作，否則沒有人能有所成就。無論持有多少財產，無論在這個或那個方面擁有了多少東西，無論掌握了多少學識或手藝，只有同時具備穩定恆毅的習慣——這將使你能夠鍥而不捨、堅持不懈地做所從事的工作，這樣你才能成功。一言以蔽之，不能沉心靜氣，心浮氣躁地從這件事直接跳到那件事，不可能讓你獲得成功。

　　這就是許多牧師失敗的原因。他們佈道講一會兒，接着就腳不沾地跳到別處。他們不去腳踏實地、持之以恆地做同一件事。許多律師和醫生也是如此，他們沒有堅持不懈地做所從事的工作。許多商人因同樣心浮氣躁的原因而鎩羽而歸。不管做什麼，如果一個人得到有始無終、半途而廢的名聲，他性格中更優秀的品質在各個方面的良好影響就會被抵消掉。人們就會說他做事不穩，難以為繼。

　　我希望你們開始學校生活時，持有這樣的理念：你們將鍥而不捨、毫不鬆懈地堅持所做的任何事情，直到完成它。我毫不懷疑，你們所有人都帶着這個信念來到這裏。入學之前，你們和父母坐下來慎重商量過此事，認真閱讀了關於學校信息的宣傳

手冊，最後嚴肅謹慎地確定，這個學院的學習課程，就是你們信心滿滿、期待完成的。我毫不懷疑地認為，你們是帶着這個目的來到這裏的。在帶着成功的決心來到這裏後，你們會為了這個遠大目標而一直堅守在這裏，堅持不渝、心無旁鶩，直到順利獲得畢業證書。不然，你將損害你自己、你的父母、和這個學院的聲譽，你會損傷自己的名譽。我希望這裏的每一個人，學院裏的每一位年輕男女，都帶着無比堅定的決心來到這裏。在目標達成之前，你們決不會半途而廢，放棄奮鬥。

你們現在處於人生的一個重要成長階段。如果你心浮氣躁，毫無定力，在這裏和那裏跳來跳去，剛開始學這門課，然後又去上那門課，你很可能究其一生都在從一件事跳到另一件事。來到這裏之後，你必須下定決心，破釜沉舟，無論做什麼，都必須要做好。這是一個非常好的人生準則，不僅可以以此開始你的學校生活，也可以以此開啟你今後的人生。

也許我從未像昨晚在蒙哥馬利那樣興致勃勃。當時我在那裏的一條街道上，站了整整一個小時。我很少在任何一條街上站一個小時，但昨晚我確確實實在那兒站了一個小時。在 J·W·亞當斯先生擁有的一家宏大而漂亮的商場前，看着兩位從我們學院學術課程和工業課程畢業的女生，傑米·皮爾斯小姐和莉迪亞·羅賓遜小姐，在他的商場櫥窗裏完成了女帽的製作展示。蒙哥馬利十月的第一個星期一，通常被稱為女帽店開業日。當天，經營此類商品的商店，都將女士的各式各款檐帽、軟帽展示出來，琳琅滿目、花樣繁多。這兩個女孩進入像蒙哥馬利這樣的大都市，

並完全負責一家大型商場的女帽部，注意到這一點，真是讓人驚奇不已、興味盎然。成百上千的行人停下來，對這些櫥窗裝飾所展示出的上佳品味好評如潮。

現在，所有這些業務都是由兩名塔斯基吉畢業生完成的。讚不絕口的評論不僅來自有色人種，也來自白種人。沒有人能從那家商場的櫥窗裏，看出它是有色人種經營的商店還是白種人經營的商店。站在那裏的許多白人女士，並不知道他們站在一家黑人擁有的商場前。它沒有任何黑人商店通常的特徵。通常，進入有色人種的場所時，你會在大門上或櫃台上，看到斑斑油漬。或者你會看到這樣或那樣的標誌，表明這是一個有色人種的場所。你們當中在畢業離校後要經商的人，都不會希望場地有任何這樣的不衛生特徵。像亞當斯先生所擁有的這樣一塵不染、窗明几淨的商場，是值得擁有的那種好商場。

現在，這兩位年輕女子已經為自己贏得了良好聲譽。她們在學院的時候就進了女帽部，一直堅持學習直到畢業。其中一位，我相信，她在獲得學歷證書時，尚未完成女帽部的全部學習內容，所以她去年回到學院，修讀了女帽部畢業後的教育課程。這兩位年輕女性在工作上取得成功，是一件令人喜上眉梢和歡欣鼓舞的事情。這一切都源自她們成功的決心，也因為她們有足夠的意識與決斷，去完成所從事的工作。

這是你們都必須要學會的一課。如果現在不去掌握它，你們將會是人生的失敗者。你們也一定想像這兩位年輕學姐一樣，也想積極向上，奮鬥到底。現在，如果你們打算成功獲得畢業證

書，那麼作好思想準備，過一段艱苦奮鬥的日子。你們中的一些人，可能會沒有鞋子穿，沒有帽子戴，沒有任何合適的應季衣服。你可能會灰心喪氣，因為自己沒有像這個人或那個人那樣有漂亮得體的衣服，或帥氣好看的帽子。對於那些因為這些原因而放棄努力的人，我手指頭都不屑於動一下。你們要做的，就是鍥而不捨、奮鬥到底、衝破難關。把一些信念融入你的大腦，不用擔心這麼做自己能得到什麼。衣服、帽子，將來也會有的。

　　有時你會非常垂頭喪氣、意志消沉。但如果你吸取奮鬥中的教訓，同樣的鍥而不捨的良好品格將會伴隨你一生，你將獲得榮譽。人們會說，你是一個能夠持之以恆、堅持不懈做自己所從事的任何工作的人。人生中最可悲的事之一，就是看到一個人從少年到白頭，沒有自己的職業，沒有一份自己確信可以自食其力的工作。看到這種人，到垂暮之年，沒錢、沒房，真是令人難過！因為他們本應該學會儲蓄，用自己的雙手為自己掙得一個美麗的家，他們沒有吸取前人的教訓，不曾努力工作，沒有未雨綢繆。因此，我們可以列舉許多終其一生沒有吸取這一教訓的人。如果他們想成功的話，無論做什麼，他們都必須付出這世界要求他們付出的相應的代價。如果我們要成功，就必須為所得付出相應代價。成就最多的人，會鍥而不捨地堅持他所做的事情，以謙虛謹慎和勇往直前的方式實現目標。這樣做的人，最終會發現自己取得了巨大的成功！

分內之事

　　相對來說，幾乎任何種類的工作，都是比較容易完成的。但所有工作的價值，都在於這項工作是否能以最快的速度完成，是否能達到預期的結果，工人工作的方式是否能滿足某些特定目標的要求。那些負責身體健康的器官，一直需要促進消化，以使食物中的營養成分，源源不斷輸送到身體的每一個部位，不僅僅是消化器官附近的部位，還包括離這些器官最遠的其他部位。

　　正因如此，所有習慣於做公開演講的人的目標，都是試圖讓離他們很遠的人和坐在近處的人，都同樣能聽到自己的聲音。與此相同，每年我越來越覺得，我們南方所有學校的主要目標，是讓偏遠地區的民眾，最有力地感受到我們的影響。我們如何才能接觸到偏遠地區的民眾——那些遠離教育優勢，遠離激勵和啟蒙機會的民眾？農村地區的問題非常難以解決，因為偏遠地區人口眾多，而且往往路遠迢迢。我們必須把這個事實擺在面前：除非我們這些學校能夠鋪平道路，掃除障礙，讓遠離學校的民眾，也能享受到學校工作成果的輻射，否則我們這些學校沒有什麼價值。

　　正如你們大多數人所知，事實上，儘管我們成為獨立自主的

人已經過去了三十多年 [1]，我們在農村地區還是很少能遇到受過良好教育的老師。你們也知道，同樣的事情很大程度上也適用於神職人員。接觸這些民眾，對他們產生良好影響的責任，落在了如今正在這些南方學校接受教育的青年男女身上。

你們擔負重任，你們將做些什麼來聯繫這些民眾，為他們帶來他們迫切需要、望眼欲穿地企盼的光明？這個問題雖然難以解決，但並不會令人灰心喪氣，因為這些人一旦確定，在自己面前佇立了正確的光芒，他們就會甘之如飴地追隨着光明。你很少會遇到一個對自己的無知毫無覺察的黑人。一旦發現自己跌倒了，沒有誰不急於爬起來。從這方面來說，解決這個難題是令人鼓舞的。

問題比較嚴重的一面，與勞動有關。在南方幾乎每一個城鎮裏，大部分有色人種在體力勞動方面都不思上進，儘管我認為這種情況已經有所改善。我們的人民勤儉節約，辛勞不懈。它的麻煩之處，令人沮喪的是，他們不知道如何通過自己辛勞的成果實現價值。由於沒有受過教育，對工業發展知之甚少，他們不懂得如何讓自己的工作體現它應該有的價值。一般來說，老百姓，尤其是鄉下的，不會要求任何人白給他們食物、衣服和房屋。他們要求的只是一些心繫他們的福祉的、誠實正直的男性或女性，來到他們中間，向他們展示，如何把勤奮和力氣用對方向；向他們

1　指三十年前的解放黑奴，讓黑人挺直腰杆做人。

展示，如何最好地實現他們的勞動成果，以便他們能夠滿足自己的道德、宗教和物質需求，並教育好他們的孩子。

你們將發現，無論漢普頓、塔拉迪加、菲斯克、亞特蘭大，或任何其他地方的學校，只要能把青年男女安排到民眾中去，他們就會在人民中紮根下來，讓自己的生活成為人民範例。建立一所好學校，讓民眾相信老師已經在那裏安頓下來，無論情形是令人鼓舞，還是令人沮喪，都會留下來。你們將會發現，這樣的老師不僅會受到鼓勵，還會得到物質上的支持。在各方各面，這個人都將有機會徹底改變社區面貌。這個百年難逢的機會現在對你們完全開放。在世界上其他任何地方接受教育的年輕男女，都沒有這樣好的機遇。請問你會明白並重視這一機遇的美好和崇高嗎？

昨晚，我和一位最近在南方某個州待過一段時間的紳士交談。他告訴我，在該州幾乎沒有任何一個鄉村地區，有一所開放時間超過四個月的公立學校。其中一些地區教師的平均工資不過略超過每月十五美元。在別的州，情況也大致相同。在我們自己的州，情況可能甚至比上面所提到的州還要糟糕。在阿拉巴馬州的一些縣，今年人們收不到錢，所以無法經營學校，連開放三個半月都無法做到，當然，城鎮除外。在一些縣，教師的工資只有十二到二十美元，而有些縣的教師，可能從國家撥款中拿到的報酬不超過十美元。

不久前，我和另一個州的一位先生談論過那個州民眾的物質條件，就他們的產業情況而言，今年民眾的生活狀況非常之差。

他們常常受制於地主，即經營大種植園的人。而且所有的棉花種植州基本上都是如此。我不必繼續向你們詳細描述那些必定會伴隨這種情況出現的道德後果。也不需要佔用你們的時間來說，這些人沒有知識沒有文化，不知道從哪里弄到東西吃，這自然而然就會導致道德或宗教信仰薄弱。我也毋須描述，伴隨這些惡劣生活條件，而出現的一系列道德上的罪惡。

我試圖向你們描述的、如今在這些鄉村地區存在的情況，可能並不那麼令人歡欣鼓舞。但在我看來，每一個享受過這個學院和南方其他學校所提供的教育特權的青年男女，特別是下一屆畢業班的學員，你們應該覺得，這樣的狀況提供了最吸引人的工作機會。這裏的每一個青年男女都在接受別人捐資贊助的教育。你們中沒有人為自己所接受的教育支付過費用。你有可能要付伙食費，但在其他地方你也得這樣。每個人都必須為自己的衣服買單，但與學院有關的建築物的成本、租金、學費、費用，和其他事項的開支，你們都無需支付。在很大程度上，你們的教育來自公眾的愛心饋贈。在我看來，你們應該做的第一件事，就是盡可能多地用自己的服務，回報花在你們身上、讓你們受益匪淺的那部分的費用。

這個債，不僅是你們欠自己的債，也是欠我們種族和國家的債，它也是一種信仰上的債務。你需要願意到這些鄉村地區去吃幾年苦，直到能站穩腳跟，把自己紮根在這些黑人社區。我有信心，你們不會吃苦太久，奮鬥中最艱難的時刻，會在最初的兩三年內到來。當你能說服人們你是誠摯的，你就贏了。當你

能說服他們相信，留住一個受過教育的老師比養一個沒有受過
教育的老師更划算；當你不僅在教育方面，而且在勞動技能和
道德上，都能向他們展示出自己的價值時，這場戰鬥就贏了。
從而這些民眾會站在你的一邊，並支持你。我相信在很多情況
下，你最終會發現自己在經濟上，也能獲得比在城市和大城鎮工
作時更好的支持。無論你從哪個方面來看待這個問題，其好處必
將隨之顯現。

　　我們會談論你們的服務會帶什麼樣的回報，讓我告訴你，沒
有什麼回報比你得到的愛戴和讚美更讓人滿足了，因為它們來自
因你的服務而受益的父老鄉親們。我知道一些教師紮根鄉村的例
子，即使經濟上沒有取得巨大成功，但他們年復一年地接受極深
厚的熱愛與最真誠的愛戴。他們所定居地方的那些民眾，對他們
充滿感激之情，因為他們在許多方面大大地幫助了這些民眾。

　　在播種正確的文明種子之前，必須在全世界進行同樣的開荒
拓土的開創性工作。當年遷移定居大西部的人們所做的就是這樣
的工作，在那裏，他們被剝奪了舒適愜意的生活，篳路藍縷，艱
辛地創業。當初在一片荒無人煙的曠野上建立了歐柏林學院[1]的人
們，也曾經歷過許多創業艱辛。那些去華盛頓、俄勒岡和加利福
尼亞，建立起現在的大城市的人們，也不得不經受許多艱苦卓絕
的艱辛。他們也必然遭受過你們必將、和即將面對的艱難困苦。

1　歐柏林學院（Oberlin College）始建於 1833 年，是美國最好的文理學院之一，也是大湖區
　學院聯盟和俄亥俄州五學院聯盟成員之一。

　　你是否要為自己的人民受苦，直到他們能夠獲得夢寐以求、極度渴望的光明？如果現在我面前的青年男女們擁有正確無畏的思想，他們將會這樣做。我當然期待，你們將每天在這裏吸收到的光明，帶到這些黑人社區。我希望你們將讓這些鄉村地區的男女老少，擺脫文盲狀態，成為受過教育、能識文斷字的人。當你帶着自己的畢業文憑，從這裏邁向社會，無論是明年五月還是其他時間，都要下定決心，把自己安頓在一個社區裏，並在那裏生根發芽、開花結果。無論你的工作是什麼，如果你成為四處流浪、漂泊不定的猶太人，你將一事無成。尋找到你認為可以充分發揮自己人生作用的社區，然後留在那裏落地生根，茁壯成長！ [1]

1　布克‧T‧華盛頓後來指出，在本次演講之後的一段時間裏，他認為很多南部鄉村學校的條件以及我過去所知的民眾的生活狀況，都有了一定的改善。

恪盡職守

此前，我曾經跟你們籠統地提到了這一事實：你們每個人，都應該對自己在學院要完成的任何任務，都感到興趣滿滿。而且要不僅僅考慮一己之私。今晚我想展開來談，更具體地談論這個話題：恪盡職守的重要性。不僅是為了完成每一項任務，而且是為了讓你接手的每一項有價值的工作，都能有成功的結果。

你應該意識到，你的行為不會單單影響自己一個人。在這個時代，每個人都幾乎不可能只為自己而活。我們生活的每一面，都與他人的生活息息相關，別人的生活也深刻影響着我們的生活。即使有可能以另類方式生活，也很少有人願意去這樣做。鼠肚雞腸、目光短淺、自私自利的生活，幾乎可以肯定，不僅無利可圖，而且令人鬱鬱寡歡、悶悶不樂。幸福快樂的人和功成名就的人竭盡全力，去正面接觸和影響儘可能多的人。但是，為了做到這一點，為了使自己過上最適當的生活，養成某些良好習慣是很重要的。其中最核心的一項，是意識到自己肩負了對他人的責任的習慣。

你們的所作所為，會以這樣或那樣的方式影響他人，你們將對相應的後果負責。你們應該永遠記住這一點，並據此管控自己。例如背誦課文，有人可能會說：「如果我背不下來，那是我

自己的事，與他人無關。除了我自己，沒有人會受損失。」事實並非如此，你也間接地傷害了你的老師。雖然一位勤勤懇懇、認真努力的老師，不應該因為學生不想讀書、不好好讀書導致的失敗而受到指責。但老師會隨着班級平均水平的提高或降低，而贏得或失去聲譽。每次的背不下來，無論出於何種原因，都會拉低班級平均水平。接下來，你也會對你的同學產生影響，即便它是無意識的。幾乎沒有一個學生不是別人在某個時點觀察效仿的對象。「有這樣一個男生，」另一個學生可能會自言自語道。「他的成績不及格這麼多次了，但他仍然泰然處之。如果我也不及格一次，那也沒什麼大不了的。」結果，這個學生有樣學樣，也忽視自己認真學習的職責，並且確實不及格，掛科了。

　　勞工專業的學習也是如此。太多的學生都在試圖輕鬆混過某一天，或某個工作周期，但又不會惹上麻煩。或者即使比這種混日子更感興趣，也更關心自己的工作，也只是為了能從中獲得什麼，也許是薪水，也許是承諾的未來工作能得到的報酬。現在，你們的勤奮努力背後，應該有比這更高的動機。每個學生都應該感到，你對自己有責任，要儘可能最好地完成每項任務。你必須這樣做，不僅是因為你的同學、你的老師、你的學院和支持資助這所學院的人，你更應該為了你自己。你更應該為了你自己去做，因為它是正確和誠實的，因為沒有什麼比這更正確和誠實。除非你以這種方式學習、工作和生活，否則你永遠不可能真正成功和真正快樂。

　　我今晚專門就這個主題發言，是由於我注意到這裏發生的兩

件事。其中一件，說明學生未能感受到我所提到的這種責任感。另一件，說明學生關注公眾利益，擁有了個人責任感，這種感覺非常令人滿意和令人鼓舞。第一件事發生在幾個月前。有可能作為當事人的學生現在已經不在這裏了，或者，如果他們現在在這裏，今後就不要再發生此類事件了。我絕對希望不要再發生了。

　　一位來學院參觀的紳士要離開學院。他在辦公室留了話，說計劃坐下午五點的火車離開小鎮。下午早些時候，辦公室派了一個男孩帶着一張便條到車庫，預訂一輛馬車，將這位先生和行李送到車站。四點半到了，紳士讓人把行李拿到了他一直住的樓門口，準備等車子過來接。但是一直沒有馬車過來。他終於開始焦急起來，親自走到車庫。剛到車庫，他就遇到了車庫負責人，負責人手裏拿着那張便條。便條才剛剛送到他手裏，當然沒有派馬車——因為負責派車的第一責任人，才剛剛明白需要派一輛馬車。送紙條的男孩已經把紙條轉給了另一個男孩；拿到紙條的又轉給了另一個人；也許這另一個人還又傳給了另外一個人。無論如何，此事被耽擱了，因為沒有人對這件差事有足夠的關切與責任感，以至於沒有人注意到，要讓紙條上提到的內容得到及時、恰當的關注。

　　正如我所說，此事發生在幾個月前，當地火車開往切霍，那裏可以中轉所有火車。如果這位乘客能及時坐車趕到切霍，就有可能趕上轉乘北行的火車。但是，如果他走另一條路，去蒙哥馬利，他就會完全趕不上火車，那他就無法趕上一個非常重要的約會。最終，這位來賓誤了當地火車，不得不乘坐馬車去切霍。一

個車夫和一組牲口的時間，本來可以節省下來的，但現在需要立即專程送他去切霍趕火車。

現在，當這種事情發生時，無論該受責備的人説多少遍「對不起」，都於事無補。一切都為時已晚，無法補救。需要做的就是，要時刻明確自己的責任，確保自己做事情時要正確無誤。對你經手從事的任何事情都要保持足夠的關注，確保最後出來的結果正確，幾近完美。你做任何事情，都必須使它正確執行或完美達成。如果任務或差事在完成之前，從你手中傳遞下去，不要認為自己在這件事上的責任已告結束。在移交任務給接手的人的時候，你要讓他牢牢銘記責任，促使他努力完成任務。

這個世界正在尋求這樣一類人：能夠告訴別人，為什麼可以做這或那，如何才能克服某個困難，或者消除某個障礙。但是這個世界對這類人會毫無耐心：對履行職責沒有真正興趣，三心二意；或在遇到障礙時灰心喪氣，不思進取，淺嘗輒止。臨到末了，簡單地告訴別人，他為什麼沒有做成某事，並找出一堆藉口而不是給出結果。機會不重來，機會也不會耐下心來坐等我們的磨蹭。時光匆匆、歲月如梭。光陰對我們來説只有一次，然後它們迅速溜走，帶着我們留下的、不可磨滅的印記。如果我們想讓它們成為美好的歲月或豐收的歲月，就必須在時間從我們面前悄悄流逝時，爭分奪秒地抓住機會。

我提到的另一個事例，説起來就令人愉快多了。今年晚春的一天，天氣轉暖到沒有必要生火來為我們的建築物供暖。一位經過菲爾普斯大廳的學生，注意到有大量的黑煙從那裏的一個煙囪

裏冒出來。有些男生可能根本沒有留意到煙霧，有的會說它來自煙囪，還有一些會說這根本不關自己的事，繼續往前走。這個男生不一樣。他注意到了煙霧，看到了它是從煙囪裏冒出來的。照理，這可能沒有任何產生危害的跡象。但他還是覺得，當時那裏出現任何的煙霧，應是不同尋常的。因擔心這可能對建築物造成危險，於是進行調查。直到他走進大樓，並檢查了從地面到頂層閣樓的每一層樓，確信煙囪和大樓沒有危險，安然無恙，他才感到放心、滿意。

事實上，門衛不知道為什麼，在地下室的爐子裏生了火。因此，幸好年輕人的焦慮是多慮了。但我很高興他能有這樣的焦慮，在他發現是否能排除自己的擔心之前，他無法安安心心。我會覺得，我們所有的建築，因為有他在這裏，而變得更加安全，令人放心。我希望，當畢業離校時，他能在這裏留下許多和他一樣恪盡職守、盡心盡力的人。此時此地讓我告訴你們，你們這些年輕人必須具備這種恪盡職守的特質，否則你們的人生將遠遠無法達成最好、最高貴的成就。

我們時常聽到，提到一個人的人生時使用「幸運」這個詞。兩個男孩同時開始了在這個社會上的生活，接受相同的教育。彈指一揮間，二十年過去了，我們會發現其中一位富有而獨立。他成為了一名成功的專業人士，享有盛譽；或許是一位僱用許多人的大型商業機構的負責人，是一位擁有和耕種數百英畝土地的大農場主。現在我們找到了第二個男孩，如今已經長大成人，每天為了一美元或一美元半而工作，聊以維生；在租來的小屋子裏勉

強容身、度日如年。兩個男孩子一開始是完全平等的，人生的起步相同。我們可能會説，第一個男孩真是鴻運當頭、吉星高照，幸運之神眷顧，對他頻頻微笑。而第二個男孩則是時運不濟、生不逢時。這完全是胡説八道！

　　當第一個男孩看到一件自己知道應該做的事情時，當機立斷，毫不猶豫去做了。他不斷地從一個位置被提拔到另一個位置，直到能獨當一面。第二個男孩則投機取巧、偷懶耍滑，是一個在僱主盯着時才幹活的人。他害怕自己幹的活超過報酬，擔心自己吃大虧，幹五十分錢的活兒，而只拿到二十五分錢。他盯着手錶，生怕會在中午十二點或傍晚六點，多幹一分鐘的活兒，理直氣壯從不認為自己有責任照顧僱主的利益。第一個男孩只拿五十美分的錢，卻幹了一美元的活。他總是準備在到點上班之前，就到達商店。然後，當下班鈴響起時，他會去找僱主，問當天晚上，在回家之前，是否還有什麼事情需要做。正是第一個男孩的這種優秀品質，使他變得極有價值，並讓他青雲直上。我們為什麼要如此簡單，輕飄飄地稱他為「幸運兒」或「撞大運」呢？我覺得用「恪盡職守」來形容他，會更恰如其分。

步步登高

　　希望謀求比現在更高、更好的職位，是自然而然並且值得稱道的。只要對自己所從事的工作盡心盡責，就無須因尋求更好的工作而被指責。不過現在問題來了：你打算如何做，才能讓自己達到所需的條件，去獲得這些更高層、更重要的職位？

　　首先，你必須不斷地尋找機會，讓自己在目前的工作中提升自己。千方百計、費盡心思，讓自己對現任僱主來說更有價值，並在工作中更高效。假設你從事擠牛奶的工作──我認為最好談談你們都熟悉的實際工作，儘管我知道，你們中的許多男生寧願我告訴你們如何才能進入國會，而不是如何做一名成功的擠奶工。不過，我懷疑我們當中的許多人，將不得不去擠牛奶，而不是進國會當議員，因此我認為討論討論擠牛奶不會有什麼壞處。如果現在擠牛奶的男生能腳踏實地、認真細緻地做好這份工作，那麼他也可能會為將來進入國會，打下良好基礎。關鍵是，我們希望不斷尋找改進所從事的任何工作的方法，無論是擠奶，還是其他。

　　無論做什麼工作，都會有很多可改進之處是你要去熟悉掌握的。如果你的工作是乳製品製作，那麼請多讀乳製品期刊。儘可能熟知與自己工作有關的每一本書、或每一份報紙。確保自己儘

可能多地掌握關於擠奶的知識。之後，不要滿足於你從書本和報紙上得到的東西，因為這些信息只是別人經驗的結果。通過與聰慧睿智、經驗豐富的人交談，通過自己的切身實踐，你可以獲得很多關於工作的相當有價值的信息。永遠不要恥於向別人請教。如果擔心通過求教而暴露自己知識的缺乏，那麼，蒙昧之人將會永遠蒙昧下去。

要掌握所有關於自己所在的職位的知識，學海無涯，要永不知足，總覺得還有更多的東西需要學習。世界上沒有人比這種人更為百無一用了：總是認為對自己的工作已經無所不曉、了如指掌、全知全能了。如果你在擠奶，並且自高自大，覺得自己無所不通，已經懂得關於擠奶的所有知識，那你實際上只會是一無是處的水平，並且根本不能勝任它。要感覺到，你總能從別人那裏學到一些東西。不恥下問，即使是從最卑微的人那裏學習，也是智慧學習的標誌。我並不是要你們，總是把別人提出的每一條建議都付諸實踐，或完全同意別人談到的每一個說法。而是要洗耳恭聽，認真傾聽別人的意見，將他們的計劃與自己的計劃進行權衡比較，確定一個最優方案去執行，並從中獲益。堅持這樣的虛心求教，堅持這樣的認真閱讀，你會經常驚訝地發現，對自己的工作還知之甚少，而其他人對它的了解卻比你多得多。

要學會預測僱主的需求所在，唯有如此，你才會使自己對僱主大有助益。如果一個人每天早上，都不得不對他的僱工叨叨：「九點做這個，十二點做那個，五點做另一個」，那將是多麼地令人氣急敗壞、沮喪氣餒！而你身邊如有人能提前預見到僱主的種

種需求，無需諸事經他人耳提面命，是多麼地讓人心情舒暢、輕
鬆快意！

　　能把自己做的工作當作是自己的事，你就可以使自己變得極
有價值、大受歡迎。不要認為這個工作是為某個人或某個組織做
的。要抓緊時間，爭分奪秒，全心投入自己工作的商店、辦公室
或馬廄，並且獨擔重任，從不推諉，只自己一人對此負責。如果
你是馬廄或車庫的負責人，請每天做好細緻的計劃，如何最好地
讓你的牛和馬保持最佳狀態。讓自己成為這些低微職位的頂尖能
手後，你將發現，提升到更高職位的機會就在眼前、唾手可得。
有些人眼高手低，好高騖遠，徒然耗費大量時間去追求升職提薪
的機會。這些人十中之九，在其他地方有過許許多多無謂的失敗。

各盡其職

今晚，我想花幾分鐘，提請你們注意這一點：一件事的成功依賴於另一件事；一個人的成功依賴於另一個人；社區中的一個家庭依賴於其他家庭，才能共同繁榮；治理一個州的一個地區要依賴於對其他地區的成功治理。自然界中也是如此。事物之間相互依存，相互成就。自然力量本身的存在，必須依賴其他力量。沒有植物的生命，就不可能有動物的生命；沒有礦物的生命，便不可能有植物的生命。因此，所有種類的生命，就像自然界的生命一樣，世間萬物皆依賴於其他事物才能成功。

我們這所學院，乃至每個學校都是如此，概莫能外。整體的成功，取決於本學校有關的每個人都各守其位、各盡其責。

我們很容易產生職位有高有低、服務有重要次要的觀念。但我相信，上帝希望低下職位的人工作時，能夠和身居高位的人一樣勤勤懇懇、兢兢業業。上帝也希望，無論工作是艱巨的任務還是瑣碎的任務，都需要同樣多的恪盡職守、勤勉不懈。對學校來說，每個學校為了取得成功，都必須依賴與之相關的教師和學生的個人良知。沒有什麼比親眼目睹師生們勤勉工作，更讓我感到滿足和快樂，更讓我對學院的未來成竹在胸、信心滿滿。

我記得這樣的一個特別時刻，它發生在我們的一個畢業典禮

上。畢業典禮，與學年中的任何其他時刻相比，都是個令人興奮和渴望見證的場合。當年的典禮結束後，我有事去食堂，發現那裏有一位老師，從她的外表上看，我認為她沒有參加典禮活動。當我問及此事，她説：「我沒能參加。本來打算去的，但是最後一刻，發現這裏有一些盤子需要清洗，我就留在這裏把它們洗好了。」

　　這是我所見過的盡職盡責的最佳表現之一，很少有人會做這樣的事情。我們這裏的老師們全心全意地投入工作，心甘情願地做這樣的事情。隨着時光荏苒，歲月流逝，我對這所學院的未來更充滿信心。

　　當學院來了知名公眾人物，來了很多素不相識的賓客，會發生很多令人矚目的事物。當其他人都在現場參加各種歡慶活動、尋求熱鬧歡騰與開心愉悦時，這位頗有良知的老師，能夠時時牢記自己的職責，耐得住寂寞，安心留下來從容洗碗。當與這個學院有關的人都能夠做到這一點時，我根本不用擔心我們學院的成功。有且只有所有人的良知達到這一高度時，學院才能成功。

　　如果我請你作為學生，單獨在這個講台上當眾發表演講，或者朗讀一篇散文，我一點也不擔心你會失敗。我相信你會認真細緻地用心準備那個演講或散文。你會查找所有必要的參考資料，找到所需的所有信息，然後會勇敢自信地站上台去，成功地演講或朗讀。我毫不懷疑，我不會對將聽到的內容感到羞恥。一般的男性女性，在公眾面前確實都會做得很好。但我擔心你是否能做

好事情，是當你開始履行那些無足輕重的小職責時——你認為不為人知、微不足道的職責——無人會關注你做的事情的時候。當你認為沒有人會看到你洗碗，或清除縫隙中的灰塵時，我擔心你會不盡心，你會做不好。

記得前段時間，我乘坐一輛兩輪輕便馬車，從新英格蘭[1]的一個村莊旅行到另一個村莊。我們走了幾英里之後，駕車送我的那個年輕小伙子停下了馬，下了車。我問他怎麼了，他說是馬車挽具出了問題。我瞪大眼睛，用盡全力去觀察，但我看不出任何問題。那位小伙子修補了一塊覺得有問題的馬車輓具。在我看來，馬具的這個故障，並沒有刺激到馬匹，或妨礙他儘可能快地行駛。但在修好後，我發現情況確實有所好轉。在我看來，這是一個很好的教訓。它教會了我，新英格蘭人如何教育良知，即使是最微不足道的小事，也不能讓自己置之不理，或不加以妥善處理。正是新英格蘭品格中的這種特點，才使得我國的這個地區的名字，已經成為成功的代名詞。難道我們不希望這裏有一百個像那個車夫這樣的人嗎？如果我能在這裏找到一千個這樣盡職盡責的人，他們一拿到畢業文憑，我們就立刻可以為他們所有人找到工作。

在這方面，人們可以學會根據性格來判斷一個人。不久

1　New England: 新英格蘭地區在美國本土的東北部地區，包括 6 個州：緬因州、佛蒙特州、新罕布什爾州、馬薩諸塞州（麻省）、羅得島州、康涅狄格州。新英格蘭擁有全美乃至全世界最好的教育環境，有著世界頂尖的大學或學院：耶魯大學、哈佛大學、布朗大學、達特茅斯學院、麻省理工學院。

前，我有機會進入這個縣的監獄。當治安官帶我穿過大樓時，我很驚訝地看到，一切都那麼乾乾淨淨、一塵不染。我注意到，那個似乎是監獄清潔工的人，他雖然也是一名囚犯，但似乎對自己感到非常自豪。他向我展示了每個角落的乾淨整潔，和這個地方整體的潔淨清爽外觀。他似乎在全心全意地保持着監獄的乾淨清潔。

「那個男人是誰？」在我們走出清潔工能聽到的區域後，我問治安官。

「他是個囚犯，」治安官回答，「但我相信他是無辜的。我不相信，一個人對他的工作如此誠實厚道、忠誠守信，竟會犯下罪行。看到他在這裏工作的表現如此出色，儘管他還被關在監獄裏，但我相信他是一個誠實的人，應該獲得自由。」

那麼，坦白地説，我們這裏要解決的問題不是：你能精通代數，還是文學？我們知道你能做到，知道你可以掌握科學知識。我們必須在這裏解決的一個普遍問題，並要心懷敬畏，戰戰兢兢地去解決的一個問題是：我們可以教育出個人良知嗎？

我們能不能教育出一羣學生，讓他們每個人都具備我們可以信賴的良知？

我們能不能教育出這樣一羣女孩子？她們不會滿意於打掃房間時讓房子中間看起來乾乾淨淨，但對角落和家具下面的灰塵不管不顧。她們會確保所有東西都得到適當的清潔，並妥帖擺放在適當的地方。

　　我們能不能教育出一羣年輕人，在農場幹活時和在這個講台演講時一樣盡職盡責、全力以赴？

　　我們能不能教育出你的良知，讓你去做某些事情，不是因為按照規定應該做這個那個，而是因為這些事確實需要人去做？

　　這些，都是我們必須在這裏解決的問題。

爸爸媽媽會怎麼説？

　　人的一生中，沒有哪個時刻，比自己第一次離開家，上學、工作或經商時更為重要、更為關鍵了。我想一般來説，可以通過某個人離家後的頭一兩年內的行為方式，來非常精準地預判此人的人生。

　　我們通常會發現，如果一個年輕人能夠在這段時間裏經受住誘惑，能夠實踐父母教給他的為人處世的道理，而不是半途而廢，通過這些教訓，他會得到幫助和啟發，那麼，他肯定能夠證明自己是一個有價值的公民。他不僅會幫助自己的父母安享晚年，而且會給居住的社區提供幫助。

　　要檢驗自己的行為舉止是否端正，沒有比自問這個問題更好的方法了：「我父親或母親會怎麼看？我做了此事，他們會完全同意，還是我應該會羞於讓他們知道？」如果每天都捫心自問，你們將發現自己可以從父母那裏得到很多幫助，來塑造你的校園生活。

　　希望你們能夠捫心自問，反躬自省自己的行為舉止，因為這是我們必須強調的事情。我們可以讓你們的頭腦充滿學科知識，可以訓練你們的雙手熟練老到地工作。但除非所有這些大腦與雙手的訓練，都建立在高尚正直的品格，和一顆真摯誠懇的心之上，否則它將一錢不值。你也比最蒙昧無知的人好不到哪裏去。

　　而今，年輕人可能誤入歧途的方式之一，尤其是當第一次離

家求學時，便是屈服於與小氣刻薄、低俗下流之人為伍的誘惑。你都羞於讓父母知道你和他們成天廝混在一起。必須堅決避免這種情況的出現。確保與自己交往的青年男女，是能夠提升你的人，能幫助你在各方面變得更強大。

　　我相信，不需要告訴你與將對你產生不良影響的人交往的後果，或者無視善意的勸告的後果。與壞人為伍、破壞校規校紀、經常不聽話、點名時反覆遲到、經常被值日領導訓話的學生，或者在飯廳裏、在操場上被人監督看管的學生，是幾年後就要給父母的內心帶來悲傷痛苦的那種學生。他們根本無路可逃，無法擺脫這一命運。

　　就在今天，一個學生的母親來到這裏，幫另一位母親捎話。後者的兒子之前在我們這裏就讀。前來學院的這位母親告訴我，捎口信來的這位焦慮的母親請她轉告自己的兒子，要讓兒子牢記：必須認真遵守學院的每一條規則，希望他每時每刻，都投入到勤奮的學習和誠實的工作中。兒子要牢記在心，母親每天都在早出晚歸、含辛茹苦、埋頭苦幹，這樣才能夠把他留在這裏好好學習，同時還要照顧家裏更年幼的孩子。現在，當這個媽媽的千叮嚀萬囑咐將被轉告給兒子時，那個男孩在哪裏？母親如此懇切地祈禱他去做的事，他是否按照要求做了？不，他已經丟人現眼，被遣送出我們學院了。當可憐的母親得到這個惡耗時，他將給她帶來多少悲傷痛苦！難怪他要向母親隱瞞自己的行為不端和恥辱行徑。

　　那麼，讓我懇切地請求你們，如果你們想要揮霍浪費自己生命中最美好的青春年華，請好好想想你們不當行為的消息，將如何如重錘般打擊父母蒼老的心，那每時每刻都對你們念念不忘的

可憐父母心！

我已經說過，這些是我們不願意讓你們在學院做的一些事情。那我們確確實實希望你們學會做哪些事情呢？希望你們學會看到和感激基督教的現實價值。希望幫助你們看到這個宗教——基督教，不是遙不可及、虛無飄渺的，不是只有在我們告別人世，我們的呼吸徹底離開身體後才能享受的東西。我們想讓你們看到，基督教是真實而有幫助的；它是你們可以帶進教室、商店、農場、臥室的東西，而且你們不必等到明天，就能知道基督教的力量和幫助。

我們希望你們能感覺到，這個宗教是生活的一部分，它意味着每天都對生活有所助益。希望你們覺得，我們讓你們在這裏參加的宗教儀式不是一種負擔，而是一種特權。這些聚會，以及各個社團的祈禱會非常值得期待，在那裏能與耶穌的靈交流。不是以一種遙不可及、虛無飄渺的方式，而是以一種謙遜而溫馨的方式。我們希望你們覺得，宗教是讓你們更快樂、更愉悅、更有希望的東西，而不是讓你們拉長了臉，面無表情的東西。如果你們尚未清楚，那麼，我們希望你們懂得，要成為基督般的人，不必是不近人情的。

我們希望你們學會控制自己的行為舉止，不僅是因為它們會對自己，和自己親近、親密的人有影響，而且對所有與自己交往的人都會產生影響。如果不能從自己與同學，和所有每日在身邊的人的關係中，學到更高層次、更廣泛、更重要的經驗教訓，那你們在這裏的校園生活，將被白白浪費掉。如果離開這裏時，你們還沒有學到最偉大的至理是兄弟之愛、發揮才華和寬厚仁慈的

品性，你們的生命將會被無謂地浪費掉。我希望看到，在這裏的
年輕人能夠意識到這種精神，以至於會在教堂裏站起來把座位讓
給學院裏的陌生人。我想讓你們能達到這樣的高度——走到餐廳
的女主管那裏，請求她允許讓一些沒有機會跟人結識的新學生，
坐在你們旁邊的座位上一起用餐。

　　在已故的阿姆斯特朗將軍[1]所表現出的眾多高尚品質中，沒有
什麼比他至高無上的無私精神，給我留下更深刻的印象了。在我與
阿姆斯特朗將軍的所有交往中，我相信我從未在他的生活或行為
中，看到一絲一毫的自私自利。他不僅關心南方的黑人，也關心南
方的白人；不僅關心自己的學校，也關心所有其他學校。他所做或
所說的任何事情，如果能有益於其他學校，似乎都給他帶來了同樣
多的愉悅與歡欣，就如同他直接為漢普頓學院的利益說話或行事
一樣。

　　不久前，當我參觀賓夕法尼亞州的某個神學院時，我曾愉
快地體驗過這種渴望幫助他人的精神。我從來沒有像在那個學校
度過的那兩天那樣，處於這種愉悅的奉獻氛圍中。我被一羣年輕
人包圍着，他們唯一的目的，似乎就是讓我感到舒適和快樂。這
些年輕人大多數在神學和科學的研究上都非常先進，但他們不遺
餘力地為我服務，甚至到了主動幫我擦鞋的程度。當我離開時，

1　General Armstrong：塞繆爾·C·阿姆斯特朗將軍是一位資深的美國聯邦陸軍將軍，1868
　　年創立了漢普頓學院（現漢普頓大學），並擔任第一任校長。這是弗吉尼亞州一所歷史上
　　以招收黑人學生為主的大學，也是布克·華盛頓的母校。

有幾個人搶着要幫我把行李送到車站。這種細緻入微的體貼，希望能出現在我們學院的每個角落。要擁有願意幫助他人的精神，尋找一切可能的機會，讓別人快樂和舒適。堅持下去，你們將發現，不用多少年，我們學校就會成為世界上最優秀的學校之一。你們也將發現，在推動實現這一目標的過程中，在自己一直堅持做這些事情的情況下，當你們自問：「爸爸媽媽對我這樣做有什麼看法」時，你們能夠自豪和滿意地回答這個問題。

證據的力量

不久前，住在本州的一位黑人老人對我說：「我已經不再在水深火熱中。我獲得了第二次解放[1]。」

這句話的意思是，這位老人通過勤儉節約、尋求正確的指導，經過二十年的努力奮鬥，擺脫了債務的束縛，買下了五十畝地，建起了舒適的房子，成為光榮的納稅人。這還意味着，他的兩個兒子接受了學術部門和農業系的教育，女兒接受了縫紉和烹飪課程相關的培訓。某種程度上講，這是一個典型的信奉基督教的美國家庭，經過勤儉節約、努力奮鬥和慈善幫助後的美好結局。這位黑人獲得了自力更生的寶貴機會，這也是美國所有黑人都殷切期盼的結果。這，也是在這所學院的你們所期待的結果。

至於這位老人的後代，將在國家事務、文學、貿易和商業中佔據什麼位置，這必須留給未來回答，而且要看我們種族的能

---

1 對於這位黑人老人來說，他的第一次獲解放，是指美國的黑人奴隸解放。1862 年美國總統亞伯拉罕·林肯頒佈《解放黑奴宣言》。直到 1865 年 6 月 19 日，得克薩斯州的美國最後一批黑奴才獲知他們擺脫了奴隸身份，獲得自由。6 月 19 日這一天因而被視為標志美國奴隸制最終結的日子，美國黑人稱之為解放日、自由日或六月節。這位黑人老人的第二次獲解放，是指經過多年努力奮鬥，從此擺脫債務，過上了好日子。

力。而你們將佔據什麼樣的位置，也只能留給你們的未來回答，以及取決於你們自己的能力。在黑奴時代，我們被排除在競爭之外，靠邊站。如今，除非我們準備好與世界競爭，否則作為一個種族我們仍將一蹶不振、一敗塗地。

如果我走進美國的某些社區，說德國人蒙昧無知，應該馬上會有人給我指出，那個街區收入最高的商品蔬菜農場，是由德國人擁有和經營的。如果我說德國人缺乏技能，應該立刻就會有人給我展示，這個城市最大的機械廠，老闆是德國人。如果我說德國人懶惰，那很快就會有人指給我看，最時尚的大道上最大、最好的住宅，是由一個起初生活貧困的德國人經過多年勤儉持家積蓄了大筆錢建造的。如果我說德國人不可信，應該就會有人把我介紹給一位德國人，而他是該市最大銀行的總裁。如果我說德國人不履行公民職責，應該有人就會讓我看某個德國人，他是市政府中受人尊敬和頗有影響力的官員。

現在，當你的批評者說黑人很懶惰時，我希望你能夠向他們展示，那些社區中由黑人擁有和經營的最好的農場。當他們問黑人是否誠實時，我希望你能夠指給他們看一個黑人，他的信用在銀行可以開出五千美元承兌支票。當他們說黑人不懂節儉持家，我希望你能夠給他們看一個在銀行裏存有五萬美元的黑人。當他們說黑人不履行公民職責時，我希望你能夠向他們展示一個我們種族的人，他擁有一家棉花工廠並依法納稅。我希望你能夠向他們展示在國家事務、宗教事務、教育事務、機械事務、商業事務和家庭經濟事務中，走在前列的黑人。請記得那句古老的人生格

言：「憑着這個跡象，我們就能戰勝。」[1] 讓它成為我們的座右銘。

在過去的十年、二十年甚至三十年中，北方的一些人，一直在南方的黑人教育上提供了無私的幫助。在一定程度上是這些慷慨大方人士的捐資與援助，使我們這所學院的建立與運轉成為可能。作為一個顯而易見的常識，這些人有權利詢問了解，他們一直提供的這種援助有什麼樣的成果。我們可以提供什麼證據來向他們證明，在這個方向上的投資已經得到合理回報？作為塔斯基吉學院的學生，你們有責任和義務來回答這個問題，並且回答要令人滿意。

我們已經達到了一定的效果，主要是通過過去三十年來北方對南方的援助——南方幾乎再也沒有人反對黑人種族接受任何形式的教育。你可以從學院這裏走出去，在南方的任何一個縣建起一所學校，而不會遭到社區白人居民的反對。更重要的是，在很多情況下，建校會得到鼓勵，得到深切的同情和衷心的支持。不久前，我從密西西比州的一位白人先生那裏，收到了五十美元，用於支付一個黑人男孩的教育費用。這位先生以前是奴隸主，起初並不傾向於鼓勵對黑人進行教育。但他在信中坦率地對我說，現在相信塔斯基吉和類似教育機構正在做黑人最需要做的事。他願意向北方人民展示，南方白人也和北方人一樣，對黑人的發展深感關切。我想到了另一個例子，阿拉巴馬州的一名南方白人，

1　By this sign we shall conquer.：這句話起源於古羅馬帝國，據説康士坦丁大帝在公元 312 年打仗時，看見天上有個十字架的白雲，認為是吉祥之兆。結果大獲全勝。

去年自掏腰包，捐出近兩千美元，用於所在縣建造和維持一所黑人學校。來自阿拉巴馬州伯明翰的另一位南方白人貝爾頓‧吉爾瑞思先生，最近寄給我們學院一張五百美元的支票，這是當時為止，我們學院從南方人那裏收到的最大一筆捐款，他還附上了這封信：

　　作為一個南方人，和南方最大奴隸主之一的兒子，我非常希望我們的人民為黑人的教育竭盡全力，從而使他們成為更心滿意足、更益國利民的公民和朋友。

　　此外，我認為現在是時候讓我們南方的全體人民，比以往任何時候，都更充分地考慮我們所有人口的教育問題。並在可行的情況下，在我們的學院中，也關注儲蓄的藝術的教學。

　　最近，亞特蘭大的 H ‧M‧阿特金森先生，整個南方最成功的商人之一，來到了塔斯基吉學院，對我們的工作進行了一絲不苟的視察。他回到亞特蘭大後，我收到他的一封信，下面我引用其中的一段話：「我附上我的一千元美元支票，捐贈給貴校，請根據你們的判斷來使用。我所看到的東西，給我留下了極為深刻的印象……我將難以忘懷。」

　　這些白人開始看到，受過教育的黑人和沒有受過教育的黑人，有着全然不同的價值。每一年，你們都有責任，越來越清晰地向他們展示這一價值。

避「虛」就「實」

　　你們來這裏的目的，是為了接受教育。現在，教育的結果之一，就是增加人們的慾望。拿一個生活在種植園裏的普通人來說，只要他是蒙昧無知的，就會滿足於住在一個只有一個房間的小屋裏，裏面有一個煎鍋、一個淋架，或者連淋架都算不上，一張桌子、幾把椅子或凳子。他滿足於餐桌上有肥肉、玉米麵包和豌豆來果腹。衣着方面，他自己穿低廉的牛仔褲和粗棉布衣服，讓他的妻子穿印花布連衣裙和戴一頂市值僅二十五美分的帽子，他就很心滿意足了。

　　但是，一旦那個人受過教育，他就覺得，自己必須有一所房子，裏面至少有兩三個房間，並配有整潔精緻、堅固耐用的家具。他想要的不是低檔廉價的牛仔褲和粗棉布衣服，而是合適得體的羊毛衫、整潔合腳的鞋子、純白明亮的衣領和領帶，這些都是他在接受教育之前，從未想過要穿戴的東西。有時他甚至認為，必須還得有一些珠寶首飾來點綴點綴。

　　所以你看，教育的結果，就是增加一個人的慾望。現在問題是，他的教育是否增加了滿足他需求的能力，否則如此一來，他便開始有了個人問題困擾的危機。我認為，這種滿足需求的能力是工業教育的一種成果。通過這樣的教育，我們正在從各個方面

獲得一種文化，在各個方面都傾向於增加一個人的慾望。但與此同時，我們也正在獲得一些技能，能提高我們滿足這些需求的能力。而且，除非我們具備這種能力，否則遲早會發現，我們不是在前進，而是在倒退。

我們，尤其是對那些只受過「半桶水」教育的人會受到誘惑，他們試圖追逐某些膚淺的文化，而不是獲得實質性的東西，不是獲得真正的教育、獲得財產和物質方面的成功。

研究過歷史的你們都知道，在 1620 年寒冬，在普利茅斯巖[1]登陸的清教徒先輩們，願意穿着樸素的衣服，並在必要時，穿着它們結婚，婚禮的花費簡樸到不超過四美元。而如今，當我們的一個小伙子想結婚時，他必須舉行一場花費不少於一百五十美元的奢華婚禮。他的妻子必須穿一件華麗拖地連衣長裙，他自己必須有一件高貴氣派的雙排扣的男款長禮服，這樣一件豪華的絨面呢大衣，要麼租用，要麼分期付款購買。他們認為，還得要有一羣伴娘，而且教堂門外一定有一排馬車，這將花費他至少二十五美元。那麼，盛大奢華的婚禮儀式結束後，這些新人去哪裏過日子？很有可能，那個為了炫耀顯擺而耗費了所有這些費用的年輕人，將帶着他的新娘，住在一個只有兩個房間，有時只有一個房間的低劣小木屋裏，而且還是租來的。

這就是我所說的意思：錢都沒有賺到，就追逐膚淺文化。只顧着去抓虛無飄渺、浮華不實的影子，而不是追求實實在在的東西。

1　Plymouth Rock：普利茅斯的一塊巨石，據說清教徒曾乘坐「五月花」號從這裏登陸。

現在我們要做的，是派出一批青年男女，走進犯有這種虛誇輕浮錯誤的社區，通過以身作則和勤勉工作，向人們展示，只花四塊美元結婚，隨用隨付，不欠債不糜費，要好得多。而不是為結婚虛擲揮霍，花費一百五十塊錢，之後每月只能可憐兮兮花四塊錢住在租來的小木屋裏。當我去紐約或任何一個大城市時，沒有什麼比看到我所說的這一類人更令人沮喪的了，他們追逐膚淺文化，而不是追求實實在在的美元和教育。如果在北方城市的任何一條時尚街道上站幾分鐘，你就會看到這些衣着考究的男士，頭上戴着花了五美元的帽子，而實際上帽子價值頂多不超過五十美分。這一類人接受的教育有限，看到什麼都想要得到。但他們受的教育又不夠多，並沒有能力去得到自己想要的，除非是以非正常手段攫取。

膚淺的教育，也使我們傾向於在奢華着裝之外，還尋求其他方面的顯擺。舉個例說吧，我們傾向於炫耀頭銜。記得有一次，我被介紹到一個大約有六十人的公司，整個公司中，只有六人不是博士、教授或上校，沒有任何頭銜。我得說，我對於這六位身份普通的先生，要比其他所有人要高看一眼，因為在其他人中，有一些確實不怎麼樣的博士和教授。對這些虛頭巴腦東西的過度渴望，表明了我們的膚淺菲薄、滑稽可笑。希望大家能停止犯這種錯誤。如果你是一位先生，請鼓勵人們以該頭銜稱呼你。如果你是一名牧師，並且佈道既生動有趣又富有啟發性，人們會被你所講的內容所打動，而不是被你所擁有的一串串頭銜所打動。頭銜是虛幻浮華的影子，你佈道的內容才是真材實料、具實質性的東西。

當一個人質樸無華、抱璞守真，他便站在堅實強大的一邊。

人們不僅對他更為敬重有加，而且他取得的成就也會更多。有一次，我參加了一個追思會，紀念一位先生，他不僅為我們這個種族，而且為與他有關係的學校，做了大量偉大而有益的工作。大約兩個小時的發言後，有人走上講台，說應該為此君辛勤工作的學校募捐，以表達在場的人對他熱忱無私的服務的感激之情。經過一番嘰嘰喳喳、議論紛紛的討論後，籌集到了 6.65 美元。接着，問題又來了：這筆錢將用來做什麼？如何將其捐贈給學校？

會議通過了一系列冗長繁複的決議，證明了這位先生的高尚品格和工作價值。有人建議將這些決議用榜書大字書寫並發送給學校。「榜書大字」，這是一個很高大上的詞，人們一聽到它就會喜歡上。經詢問發現，用大字書寫決議將花費 6 美元。人們投票通過，一致決定就這麼做。本來決議可以好好地按普通字體打印完成，而且只需花費 25 美分。但會議支付了 6 美元，並將榜書大字書寫的決議寄給了學校，剩下的 65 美分，用於幫助支付學校的開支。在我看來，那是另一種華而不實、捨本逐末，而不是踏踏實實追求實質的例子。榜書大字書寫的決議是泡影，餘下的 65 美分則是實實在在的有用的東西。

在所有這些問題上，我們都需要迅速有效的革新。我們希望你們勇敢堅毅地走出校門，利用你們的影響力來確保這些革新。世界上有太多的人，終其一生都在執着於追逐虛無飄渺的幻影，本末倒置，而不是追求實質性的東西。他們執着於假像，而非真正有價值的事物。希望你們通過言行舉止，引導他人過簡單質樸、真實正確和直率坦誠的生活。

衣品見人品

我們可以從一個人的穿着，看出很多的品格，這令人驚訝不已。僅僅從穿着打扮來判斷一個人是蒙昧無知，還是受過教育，這一點不難做到。今晚，我要和你們談談關於着裝的一些顯而易見的事實。雖然很難就必須如何着裝制定規則，但我認為還是有一些明確的着裝原則，所有受過良好教育的人都會遵守。

大家都會同意，我們穿的衣服應該是乾淨清爽的。穿着髒兮兮的衣服的人，沒有什麼藉口可以為自己辯解，我想我們都會同意這一點。一個人穿着破破爛爛的衣服，或者用別針，把應該繫紐扣的地方別在一起，這是很丟人現眼的。一個姑娘穿着油跡斑斑的髒圍裙，或者把她的衣服用別針扣在一起，這簡直是洋相百出、丟臉出醜。我們的衣服應該保持清潔齊整、保養良好。到目前為止的這一些，我認為我們的看法不會有任何分歧。

但是有些人犯了一個錯誤，就是全神貫注於着裝這個主題。從星期一開始，他們的大部分思想和注意力，都集中在計劃下個星期天要穿的衣服上。有的人整個星期都穿得破破爛爛，衣衫襤褸，以便能在星期天穿些花裏胡哨、引人注目的衣服。我們確實應該尊重星期天，如果可以的話，穿上不同於平時穿的衣服。儘管這個在很大程度上，取決於我們的生活狀況。但即便如此，在周日那

一天，穿我們最豔麗俗氣、招搖過市的衣服，肯定是不合時宜的。

　　要以你的錢袋允許的方式穿着打扮。有的人不僅挖空心思、絞盡腦汁考慮穿什麼，而且把自己所有的錢都花在衣服上。

　　有些人簡直就是為了穿着打扮而活，他們通常被稱為「花花公子」。我覺得北方城市的人，在這方面是表現最糟糕的。如果你穿過紐約的第六大道，或者波士頓的劍橋街，會看到很多這樣的花花公子。他們可能每個月只掙二十美元，卻戴着時髦昂貴的羊羔皮手套站在街角，嘴裏洋洋自得地叼着根大雪茄，頭上戴着一頂高高的、不可一世的大禮帽。這種人是愚蠢之極的。我們不希望在這所學院裏有這樣的紈綺子弟。沒有比把所有收入，有時甚至超過自己收入的錢花在衣服上的人，更為愚蠢透頂的了。

　　然後，我也認為，有些人在珠寶首飾這件事上犯了錯誤。很多一個月收入不到二十美元的男性，戴着一條又大又粗的黃銅錶鏈，裏面的黃銅太多了，你幾乎可以聞到它的銅臭味。男人和女人戴着三個、甚至四個黃澄澄的黃銅戒指，或者女人戴着黃澄澄、明晃晃的黃銅耳環。你知道我國民眾最常見的錯誤之一，就是把錢虛擲在廉價珠寶上嗎？他們會跑到城裏的商店去，把錢浪費在價格只有大約十美分的珠寶上。而這些廉價粗俗的珠寶，實際上批發價六七美元就能買到一蒲式耳[1]，能裝滿一桶。我們的老百姓每年浪費數千美元購買這類廉價低俗的珠寶。如果我們學院有喜歡珠寶的年輕人，並且打算沉迷其中，請務必只購買價格適中的東西。

1　Bushel: 蒲式耳，相當於 35.2 公升、30.28 升。

我們的一些人犯的另一個錯誤，是穿着庸俗華麗或花裏胡哨的衣服，上面鮮豔奪目的色彩和鮮紅絲帶引人注目。我們的穿着要端莊得體，色彩要素淨淡雅。

我們經常犯的另外一個錯誤是，買大約小兩個尺碼的鞋子。今天早上，我看到一個女孩非常痛苦，僅僅因為她買了一雙鞋，正試圖穿一雙小了兩個尺碼的鞋子。這樣的傻瓜只是懲罰自己的雙腳，讓人覺得自己的腳小小的，秀秀氣氣，其實大腳和小腳一樣光榮，大腳和小腳沒有區別。此外，我們又犯的一個錯誤是：僅僅因為它們有光澤，就買了便宜、豔麗的鞋子。這種鞋是為了惹人注目、招搖過市，而不是為了合腳舒適、或經穿耐用。當你們掏錢買鞋的時候，一定要買那些質量好的，經久耐穿的。不要買那些便宜低價的東西，因為它們是用廉價材料製成的，一遇水就會起皺縮水。男士們不會尊重那些為了讓腳看起來很小，而讓自己雙腳遭罪的女孩。

然後，還有另一件事。我們中的一些人，認為可以「改善」我們的膚色。有些人使用粉，有些人使用其他種類的混合物，稱為「撲面粉」，好讓自己看起來更「白」一些。這根本就徒勞無功、毫無意義。任何男性，都會對這樣自討苦吃、自找罪受的女孩失去尊重。只有充實自己的頭腦，之後你才會發現這些梳妝打扮的問題會迎刃而解。雖然你們中的一些人沒有穿得那麼高檔，但是如果對頭腦中的內容給予適當的關注，你們將會發現，着裝不會給自己帶來任何困擾。獲得充分又適當的教育後，你們會贏得端莊體面的裙子和衣服。但現在，是你們擁有的獲得教育的唯一寶貴時間，好自珍惜！

舊日歌謠

　　在我們的教堂活動中，你們唱的黑人歌曲最為優美動聽，沒有什麼比它們更能讓我開心喜悅了。我相信，各種宗教儀式中，沒有什麼比它們更真正觸動心靈、更令人振奮。將來你們離開我們這所學院後，無論走到哪裏，我希望你們都永遠不要放棄傳唱這些歌曲。如果離開學院後有了自己的學校，請帶着學生像你們在這裏一樣去傳唱，並教會他們發現這些歌曲中蘊含的美。不久前在紐約，我有幸與普魯士的亨利王子交談，他特別談到我們這些黑人歌曲的美妙之處。他說在自己的家中，在德國，他和家人經常唱這些歌曲。他問有沒有這些歌曲的印刷集可以寄給他，後來我把一本由漢普頓學院收集和出版的種植園歌曲集轉發給他。

　　當基督在世上時，他說：「稚童將引領他們。」[1]這種至高無上的引領權從何而來？在這個時代，當我們聽到很多關於人類領袖、成功領導的言論時，最好停下來思考一下救世主的這條勸告。有些人領導商業，有些人領導教育，有些人領導政治或宗

1　"A little child shall lead them."：見《聖經》「以賽亞書 11：6」：豺狼必與綿羊羔同居，豹子與山羊羔同臥；少壯獅子與牛犢并肥畜同群；稚童將引領他們。

教。「稚童將引領他們」的解釋是什麼？就這麼簡單：一個天真爛漫的幼童，在任何情況下，都擁有簡單乾淨、純潔無瑕、甜美可人的本真。童稚小兒永遠不會顯得老成持重；懵懂無知永遠不會顯得博古通今、學識淵博；一窮二白從不表現得腰纏萬貫；微乎其微永遠不會顯露出舉足輕重。總之，孩童的生命，是建立在崇高偉大、亙古不變、但又純真質樸、嬌嫩柔弱和精美靈巧的自然法則之上的。沒有任何的矯揉造作、扭捏作態，沒有任何的諷刺挖苦、冷嘲熱諷。

　　對於真理，有一種毫無意識的、美麗愉悅的、強勁濃烈的執着。正是這種在兒童或大人、猶太人或異教徒、基督徒或伊斯蘭教徒、遠古時代或現代世界、黑人或白人身上的神聖品質，始終引領着人們，並塑造了人們的行為舉止。那些足夠勇敢無畏、足夠聰明睿智、足夠簡單質樸、足夠克己慎行的人，將自己深深紮根於這塊真理之石，鐵骨青枝，傲然屹立，最終將世人吸引到他們身邊。正如基督所說：「我將吸引萬人來歸我。[1]」這樣的人是路德，是衞斯理，是卡萊爾，是克倫威爾，是加里森和菲利普斯，是亞伯拉罕‧林肯，以及我們自己偉大的弗雷德里克‧道格拉斯[2]。

　　所有偉大靈魂所追求的，都是讓人類和種族回到孩童的純真

1　I will draw all men unto me.：見《聖經》「約翰福音 12：32」：我若從地上被舉起來，我將吸引萬人來歸我。

2　弗雷德裏克‧道格拉斯（Frederick Douglass，1818－1895 年）是一位非裔美國人社會改革家、廢奴主義者、演說家、作家和政治家。

與明淨，返璞歸真。

　　黑人種族廣為人知的、最有創意的作品是什麼？並且我還想追問一句，美國名滿天下的是什麼作品？我會毫不猶豫地回答：是那些美妙絕倫、非同尋常、古老質樸、甜美動聽的旋律，是我們背負沉重奴隸制枷鎖的祖先的純樸、童真般的心聲，它們表達了痛苦、重負、希翼、喜悅、忠誠與考驗。

　　為什麼它們會受到世人的高度讚美？為什麼每次些微嘗試的改動都會破壞它們的存在？為什麼它們總能觸動最幽深、最溫柔的心弦？能讓家財萬貫的富人和不名一文的窮人一樣，能讓高高在上的國王和最卑微低賤的勞工一樣，都淚流滿面、泣不成聲？

　　請聽聽這首優美動人的歌曲吧，它是如何告訴那些陷入困境的靈魂，不要走到人類建造的房屋和寺廟去，而是要更親近大自然：

　　　如果你想見耶穌，
　　　走進荒野，
　　　走進荒野，
　　　走進荒野，
　　　走進荒野。
　　　如果你想見耶穌，
　　　走進荒野，
　　　依偎在上帝身旁。

哦，兄弟，當你從荒野中走出，
走出荒野，
走出荒野，
感覺如何？
哦，兄弟，當你從荒野中走出，
依偎着他，
我們的主，
感覺如何？

請聽聽另一首歌，聽聽我們的先祖，如何衝破虛假財富的欺騙和誘惑，在他們漫長持久、長年累月的疲憊困頓中，表達了他們對那每一天都會是休息日之境的虔誠信仰：

哦，宗教能帶來好運，
我堅信。
哦，宗教能帶來好運，
我堅信。
哦，宗教能帶來好運，
我堅信，
安息日地久天長、永無止盡。
你去了哪裏，可憐的懺悔者，你去了哪裏？去了這麼久？
「去了山谷，去做祈禱；
我還沒做完祈禱。」

我們再聽聽，被延續多年的、看似毫無止境的漫長奴役所壓迫時，他們是如何突然爆發出，對現實的離奇古怪而狂野奔放的訴求：

我的主深深掛念但以理[1]，

我的主深深掛念但以理，

我的主深深掛念但以理；

為什麼他不掛念我？

我在路上遇到了一個朝聖者，我問他去哪兒。

「我要去迦南的快樂之地，

而這就是吶喊樂隊。

繼續往前走。」

主深深掛念獅子坑裏的但以理，

掛念鯨魚肚腹裏的約拿，[2]

掛念熾熱熔爐裏的希伯來孩子。

為什麼他掛念的不是每一個人？」

當沉重悲慘的壓迫與重負對於平凡的血肉之軀來說，幾乎是

1　《舊約‧聖經》有一段內容講述波斯王大流士一世因但以理（Daniel）是個虔誠而堅定的信神者，每天祈禱，而不信奉自己，所以將他丟入獅子洞。翌日早上，人們把獅子洞口的巨石挪開的時候驚詫地發現，但以理還好好地活著。見 [但以理書 6:22]：我的神差遣使者，封住獅子的口，叫獅子不傷我；因我在神面前無辜，我在王面前也沒有行過虧損的事。」

2　見《聖經》「馬太福音 12：40」：正如約拿在大魚肚子裏三天三夜一樣，人子在地心裏也要有三天三夜。

難以承受之時，可以聽聽這個單純樸素的、孩子般的祈禱：

> 哦，主，哦，我的主，哦，我的好主，
> 讓我免於沉淪。
> 哦主啊，我的主啊，我的好主啊，
> 讓我免於沉淪。
> 我告訴你我的期望。
> 讓我免於沉淪。
> 我也想去天堂。
> 讓我免於沉淪。

　　或者看看這個小奴隸男孩，他被從母親身邊帶走，被賣到遙遠的南方，有什麼能比這個悽慘悲哀但充滿希望和信賴忠誠的爆發，更能直接地打動大自然的心？而在孤獨弱小的他的眼裏，所有塵世的幸福歡樂，都永遠地消失了……請聽他哀婉期盼的心聲告白：

> 我就要加入偉大的教會了，
> 我就要加入偉大的教會了，
> 我就要加入偉大的教會了。
> 我的小小靈魂就要閃閃發光，閃閃發光了；
> 我的小小靈魂就要閃閃發光了。哦！
> 我要爬上雅各布的天梯，
> 我的小小靈魂就要閃閃發光，閃閃發光了。

我的小小靈魂就要閃閃發光了。哦！
我很想爬得高又高，高又高啊，
我的小小靈魂就要閃閃發光了。哦！
我要歡天喜地地坐在歡迎台旁，
我要大口大口地喝牛奶、喝蜂蜜。
我要告訴上帝你是怎麼把我給拯救的，
我的小小靈魂就要閃閃發光，閃閃發光了。
我的小小靈魂就要閃閃發光了。哦！

　　過去如此，現在如此，將來依然也會如此。芸芸眾生，無論種族、膚色或社會地位如何，都會欽佩和讚賞真實無虛的事物。而花言巧語、插科打諢、跳梁小丑、照貓畫虎、淺薄無知，從未帶來成功，也永遠不會帶來成功。

　　如果個人或種族足夠英勇強大、足夠聰明睿智，可以無視陳規陋習、狹隘偏見、誘人魅惑、欺騙利用、模仿抄襲，擺脫虛偽的面具，將自己深深紮根於大自然的泥土或堅硬的花崗巖裏，此個人或種族一定能夠勇敢地掙扎着爬起來、奮力攀登，甚至會突如其來勃然爆發，並且在這樣的努力中，獲得一股強大的力量，這種力量會為它贏得舉世的尊重與認可，令他名揚天下。在具備了這種力量的個人或種族面前，那些種族偏見、愚蠢陋習、壓榨與強迫，都將把它們羞愧的臉永遠掩藏起來。

腳踏實地

　　每個離開塔斯基吉學院的人，都要有一個最高抱負，那就是幫助他種族的同胞，找到立足之地，找到堅實的基礎，然後幫助他們從那個基礎上站立起來。如果我們這些關心這所學院的人，能幫助你做到這一點，我們就會心滿意足了。在找到我們生活的基石之前，在我們紮根在裏面之前，其他一切都不過是留不住的灰泥，只是虛構的假像，不過是沒有框架的房子裏，那牆上糊的紙。

　　這是大自然為我們提供的墊腳石之一。這裏的路是平坦的，只要我們有勇氣去走上前。百分之八十五的黑人種族的謀生手段，或者說努力謀生的手段，都是某種形式的農業。如果我們要拯救這個種族，並提升它，現在有一個很好的機會。在未來的五十年，個人、組織、宗教和世俗的努力，都應該以它為中心。

　　但要做到這一點，我們必須利用好手頭的力量。我們必須用自己的雙腳站立起來，而不是立足於別人提供的基石上。我們必須在自己文明的基礎上，開啟成長，而不是試圖從其他文明開始。

　　要闡明我的意思，我們不需要去尋求別的種族，也不需要捨近求遠，離家千里。在阿拉巴馬州的一個小鎮上，就有一個強壯、勤勞的黑人，他在租來的土地上生活了將近二十年，僱了騾和馬在這片土地上耕種，並抵押了他的莊稼，來獲得食物和衣

服。每個星期天，他駕駛一輛不屬於他的馬車去教堂，穿着漂亮的、但不曾付錢買的衣服。從外表上看，他似乎很成功，似乎就是和他身邊的白人一樣的體面。

　　但是這個黑人後來終於意識到，曾經的他試圖站在一塊不踏實、不穩當的基石上。因此，大約十幾年前的一天，他下定決心，從那以後他將做真正的自己，要立足於自己的穩固的基石之上。他讓白人收回騾子，收回雙輪運貨馬車和雙輪輕便馬車，他放棄了租來的土地。他下定決心要做一個真正的自立自強的男人！他購置了幾英畝的土地，晚上用棉籽鋪牀。他僱了一個男孩，晚上到他那裏去幹活，月光下他拉着犁，男孩幫忙把着犁。這樣一來，不用借債就擁有了完全屬於自己的棉花作物的收成。他用從中得到的少量盈餘買了一頭牛，無需舉債，就用這頭牲畜完成了第二次收成。他買了一頭騾子，之後又買了一頭。如今，這個人擁有一個舒適的家，是他所在縣的一家銀行的股東，他的票據或支票，可以由那裏的任何一家公司兌現。當其他人還在誇誇其談，或唾沫橫飛地爭論不休那些死記硬背的二手教義時，這位強大的自然之子已經找到了自我，並解決了自己的自強自立的問題。

　　我可以給你們再講一個我們種族的另一個人的故事。他在家裏的樹洞裏，開始了成功的生意創業，沒有家具或牀上用品。但是那棵樹，以及它所在的土地，都是他自己的。你最好從一棵空心樹開始創業，成為一個真正的大寫的人。而不是在租來的房子裏開始生活，成為別人的工具，亦步亦趨地效仿別人。如果進

入這個國家的西部，你會發現，這裏到處都是文化最高、學識淵博、財富恆久的人。他們的祖先，幾代前卻在獨木舟、乾草棚，或者在山邊的一個洞穴裏開始他們的創業人生。各位年輕人，白手起家、披荊斬棘，創業艱難，這是無法逃避的。如果要變得偉大堅強、善良優秀、益國利民，我們就必須付出代價。請記住，當我們深入了解了真理的基本道理之後，大自然不會劃出種族界線。

我說這話時並不想嚇到你們，但我希望，在接下來的五十年裏，看到在大城市之外工作的每一位有色人種的牧師和教師，都具備了對與神學和學術培訓相關的農業理論和實踐的透徹了解。我相信本應如此，因為我們的種族是農業種族，我也希望它會保持這樣。正是在農業生產的基礎上，歷史上各個種族都開始了繁衍生息。低廉的土地、宜人的氣候和肥沃的土壤，我們可以為偉大而強盛的種族奠定良好基礎。我們面臨的問題在於，是否能利用好這一機會？

在最近一期的《紐約獨立報》中，一個擁有三千個教眾的教會，費城聖殿浸信會的牧師拉塞爾·H·康威爾，講述了馬薩諸塞州一家小型鄉村教堂的牧師的故事。該牧師對如何讓他的教會付清費用，這一永遠經常出現的難題感到困惑，於是請教了康威爾先生。「我建議他，」康威爾先生說，「學習農業化學、奶牛養殖和家庭經濟。我的建議是認真的，他也非常認真地對待。他確實學習了，而且學習得很認真徹底。星期天，他開始了第一次的實用性佈道，這是令他受益匪淺的認真學習的成果，主題是科學施肥，其中還穿插有恰到好處的《聖經》典故。那一次他只

有十七個聽眾。然而，這十七個人非常感興趣。後來，他們與沒有參加禮拜的朋友，討論了這次不同尋常的啟程。結果是，在接下來的五個星期天裏，教堂裏擠滿了禮拜者，他們發現天堂離地球，畢竟沒有那麼遙不可及的距離。」

在我們種族目前的情況下，如果南方廣大農業地區的每一個教會，每周日都可以進行兩次宗教佈道，一次關於智慧農業原理的課程或講座，講講關於土地所有權的重要性，講講建造舒適家園的重要性，那將是多麼巨大的收穫！我相信，如果這項政策能夠推行下去，我們應該很快就會讓社區和教堂挺直腰杆，成百上千的現在食不果腹的牧師，將以與職業尊嚴相稱的方式得到支持，牧師不再經常穿得差、吃得差、住得差，年薪只有可憐巴巴的從一百到三百美元不等。不僅如此，這樣的政策會給神職人員帶來這樣一種理想，即勞動的尊嚴和對它的熱愛，以至於牧師自己的住宅、花園和農場，將成為他的追隨者們不斷學習的實際榜樣。同時，他可以從中獲得支持，這些支持將使他在很大程度上自給自足、自立更生。

我認識的的一位最成功也最受尊敬的牧師，擁有和耕種五十英畝土地。這片土地每年為他提供足夠生活所需的收入。這個人的票據或支票會在銀行很愉快地被兌現。由於他的自立性，他可以領導他的人民，而不必迎合他們的奇思怪想。有人可能會暗示，我懇求大家做的事情，之前並沒有其他人按照這種方式做過。其實，到新英格蘭定居的人，在最初幾年是做過的，並由那裏的牧師們傳承下去，直到這個國家的人民變得足夠繁榮，能適

當地支持他們的牧師。此外，如果一個種族或一個人，只會簡單地盲從另一個人的腳步，亦步亦趨，人云亦云，那麼世界上就永遠不可能有進步。請記住，這世上沒有其他種族的人像我們這樣，有過這樣的難題需要解決。

今晚，我對你們說的關於農業生活的內容，可以說與城市職業同等重要。要是讓我能看到，我們的種族在木材和金屬工作、房屋和工廠的建造、機械的建造和操作方面遙遙領先，我將來也會讓你們發現，從長遠來看，我們的種族將在塑造公眾思想、限制政府、在商業、科學、藝術和專業領域方面遙遙領先。

我們所有學校都應該做的是，減少求職者和增加更多的創造就業者。任何人都可以去找工作，但需要一個具有罕見能力的人，來創造就業機會。

如果你們中的一些人認為我所說的，忽略了種族在道德、倫理、宗教和政治才能方面的發展，我的回答是這樣的。這相當於你認為，因為一棵樹深植於大地母親的深處，它與黏土、巖石、沙子和水接觸，所以它沒有通過優美的枝條、美麗的葉子和芬芳的花朵，去教授真理、美麗和神聖的課程。你不可能在空氣中種下一棵樹，並讓它活着。你可以試試看。無論我們如何讚美它和諧的比例，欣賞它無比的美麗，最終它都會枯萎凋零，逐漸死去。除非它的樹根和根鬚，觸碰到大地母親，並深深紮根於它，方能蓬勃生長、枝繁葉茂。對樹是這種情況，對種族來說，也是如此。

節約每一分錢

　　由於某種原因,你們中的很大一部分人在本學年結束後,將無法返回學院。鑒於此,今晚,我想在你們的腦海中留下一些核心思想。不管是作為畢業生還是作為肄業生離開學院,希望你們帶着這些思想走向世界。

　　我經常和你們談論,學會有效利用時間、節約時間,以及努力充分利用你們生命中的每一小時和每一分鐘。我們種族中很大一部分人,因這因那獲得了不良的聲譽,似乎無法正確地利用時間,或不能正確地重視信守諾言的重要性。

　　你們知道,作為一個民族,我們在信守諾言方面不能被信賴,這一觀點在很大程度上佔了上風,無論這一觀點是是公正的,還是不公正的。如果被僱到一家磨坊或工廠工作,我們會一直幹活,直到拿到三美元或四美元的工資,然後再瀟灑地去遠足遊玩,四處遊逛,或者去城裏肆意揮霍。在花光我們賺到的每一分錢之前,我們不會回去工作。

　　因此,我們中的很大一部分人,以這樣或那樣的方式,已經臭名遠揚。在忠誠守信、規律有序、高效服務方面,別人根本就無法信賴我們。這一點對我們這個種族帶來很大的損害。無論走到哪裏,我們都希望你們能夠以自己的積極行動、有效建議及卓

越影響力，來努力抵消和反駁這種壞名聲。你們可以通過使自己成為最受人敬仰的楷模與表率，以最有效的方式來做到這一點。

在很大程度上，成功的人，是那些學會以我提到的方式節約時間的人，以及那些不僅學會了節約時間，還學會了節省金錢的人。

今晚我要強調的東西，在你們看來可能是一個非常物質主義的觀點——省錢。但對我們種族來說，它是至關重要的。我最近多次聽到有人表示，黑人正在變得過於物質化，過於工業化。還有人說，人們對生活的物質方面給予了太多的關注。現在我看來在那個方向，還很少有需要引起我們擔憂恐懼的東西。一個沒有一條蒸汽鐵路、沒有一條有軌電車線路、幾乎沒有銀行、在大城市連一棟房屋都沒有的種族，我無法理解，這樣一個種族是如何會面臨被物質化的危險的。當你在銀行擁有數百萬美元時，當你獲得數百萬美元投資於鐵路線上，當你將另外數百萬美元投資於有軌電車線路，或控制大工廠、大種植園或南方其他大工業企業時，我可能會說：哦！有跡象表明，你們變得太物質了，你們變得太富有了。但到目前為止，我還沒有看到任何這一類的跡象。在看到這些跡象之前，就這個危險而言，我們完全可以高枕無憂，泰然自得。

但是金錢有一些特定的正面影響，我認為我們強調得還遠遠不夠。首先，獲得金錢，獲得能力，可以確保擁有我們無法通過其他方式獲得的一些影響力。為了達到精神上最好的境界、和人生中最高的成就，我們首先必須擁有某些物質事物。起初掙得金錢並把這些錢積攢起來，將確保我們能夠擁有體面而舒適的居

住房屋。除非能夠住在一個體面、舒適的房子裏，否則沒有人能把工作做到最好，也無法為自己和同胞提供最佳服務。在擁有這樣的房子之前，無論你是否住在裏面，你都還尚未為人生做好準備。即使擁有這樣的房子卻把它租出去，你也是一個完整的、堂堂正正的人。我常常聽到有人說，他們沒有房子，沒有財產，是因為不希望在這個地方或那個地方長住。我認識這種人，六年搬六次家。他們這輩子永遠也不會擁有自己的房子，僅僅因為已經養成了找藉口、找託辭的壞毛病，而不是靠自己的努力去擁有一個家。

擁有一個體面的房子，可以確保我們擁有一定程度的適當舒適。若無一定程度的舒適，若無一定量的優質、營養、烹飪得當的食物，沒有人能把工作做到最好，或者很恰當地思考問題，很和諧地與人相處。惶惶然不知道去哪裏找到早餐吃的人，或者不知道去哪里弄錢來支付下周伙食費的人，吃了上頓沒下頓，是不可能把工作做到最好的，無論這個工作是體力上的、智力上的還是精神上的。擁有金錢，使我們能夠讓自己遠離食不裹腹、衣不蔽體的悲慘，確保自己擁有舒適的衣服。這些衣服足以讓我們的身體保持溫暖和活躍，並且處於身強力壯、體力充沛的狀態。

擁有金錢使我們能夠在建造校舍、教堂、醫院的時候，在所有這些方向上，盡自己的一份力量。金錢不僅使我們能夠在這些物質方向上站穩腳跟，而且還具有另一種價值：得到金錢，可以拓寬我們自己的遠見與眼界。人若不學會深謀遠慮、未雨綢繆，今天不想明天的事，本周不計劃好下周，今年不計劃好明年，就

無法贏得金錢。沒有學會自我控制的人，是抓不到錢的，或者至少是手中留不住錢的。他們必須能夠抵制住誘惑，學會説「不」。希望你們這些學生離開這裏時，有能力説「不」。希望你們經過一家商店，注意到那家店裏的東西時，無論是香甜可口的糖果，還是好看時髦的春帽，還是任何吸引你們的東西，儘管口袋裏有錢買得起，你們也必須鍛煉一種自製力，使你們能夠對這些誘惑視而不見，昂首闊步地繞過它們，省下你們寶貴的錢，把它投資到房屋上。人若不學會節儉，不學會讓一切東西物盡其用，便無法掌握金錢。

　　然後再一次強調，掙得到錢能使人成為一個心地善良、穩重可靠、安全穩妥的好公民。殺戮別人的人和被殺害的人，無論是黑人還是白人，十有八九是居無定所的人，他們在銀行裏也沒有任何存款。他們是生活在旅行包裏的人，是被背包牽着走的人。如果他們的背包今晚在蒙哥馬利，那蒙哥馬利就是他們的家；如果背包第二天晚上出現在歐佩萊卡，那麼那天晚上歐佩萊卡就是他們的家。這些如無根浮萍顛沛流離的人當中，有許多人只有手提包，沒有一處可以遮風擋雨的家。我不希望你們離開學院出去後，成為那種四處流浪漂泊、雙腳落處便是家的男人和女人。我希望看到你們能夠擁有自己的土地；我希望看到你們擁有一個體面的家。讓我在這裏説，除非你們的家有一個好的、舒適的浴缸，否則你們的家是不體面或不完整的。如果非要在這兩個當中作選擇，相信我寧願看到你們有浴缸而沒房子，而不是有房子沒浴缸。如果有了浴缸，你們肯定會在以後擁有自己的房子。所以

當你們從這裏出去之後，買一個浴缸，哪怕你們買不起別的。

擁有金錢，擁有銀行賬戶，即使存款金額很小，也能給我們一定的自尊心。一個擁有銀行賬戶的人在街道上行走時，身板也會格外挺直；他敢於直視別人的臉，無須躲躲閃閃。他所居住的社區中的人們，對他充滿信心和尊重。如果他沒有開銀行賬戶，人們就不會如此對待他。

現在，我們在努力實現這些目標時犯的一個重大錯誤，是我們一直拖拖拉拉、磨磨蹭蹭，推遲着手實施。年輕的小伙子説，自己一結婚後就會馬上開始。年輕姑娘説，等到穿着打扮得足夠好，或生活再好一點點時，她就會開始。屈服於這種或那種誘惑，他們不斷推遲開始存錢的時間。走進城市，看到年輕男子，在周日下午花兩三美元租一輛出租車或馬車，帶年輕女子出去兜風，這真讓人心生厭惡。而在很多情況下，這些男性每周賺錢不超過四美元。年輕姑娘們，千萬不要和這樣的男人一起坐車兜風。一個每周只賺四美元的工資，卻乘車招搖出行的人，將無法擁有房屋或擁有銀行賬戶。當你被這樣一個人邀請去乘車時，告訴他，你寧願他把錢存入銀行，因為你知道他沒有能力那樣大手大腳地花錢。

我喜歡看到人們穿着舒適整潔、端莊得體。但沒有什麼比看到年輕男女屈服於誘惑，將他們所有的收入浪費在衣服上更可悲的了。然後，當他們兩手空空、身無分文地離開人世時，在很多、很多情況下，有人不得不在人羣中傳遞一頂帽子來籌集捐款，以便他們可以被體面地安葬。千萬不要犯這樣的錯誤。要下

定決心，無論賺多少，你們都會把一部分錢存入銀行。如果你們每周掙五美元，就存入兩美元在銀行裏。如果你們賺了十美元，就省下其中的四美元存起來。把錢存入銀行，讓它待在那裏。當它開始為你們滋生利息時，你們會發現自己將欣賞體會到金錢帶來的價值。

剛剛不久前，我在新貝德福德市，這座城市以前是海蒂·格林夫人 [1] 的家，據說她是世界上最富有的女性。我想告訴你們一個關於她的故事，這是一位住在新貝德福德的紳士告訴我的，當格林太太住在那兒時，他認識她。多年來，在新貝德福德沒有一家可以收存很小額存款的儲蓄銀行。最後，終於在那裏開了一家接收五美分的儲蓄銀行。這家銀行剛剛開業，格林太太告訴這位先生，她很高興他們開了一家五美分的銀行，這樣她現在就可以連五美分也不落下地存進去，並收取利息。在座的你們不會認為毫不起眼的五美分，也是要值得存起來的一筆錢。你們認為它只是用來購買花生和糖果、廉價絲帶或廉價珠寶的零花錢。

上個星期天晚上，我在紐約一位紳士的家裏做客，他家裏有個女孩，現在只有十八歲。幾年前她來到我們這個國家，在這個家庭做女僕，一句英語都不會說。這個女孩現在銀行裏有一千五百美元。想想吧！一個初來乍到的年輕女子，一貧如洗，一句英語也不會說，在短短的時間內，竟然存下了一千五百美

1　海蒂·格林（Hetty Green），新英格蘭血統，是華爾街第一位先富起來的真正意義上的富婆。她死於 1916 年，死時其身家財產已躋身全美最富的 20 人之列。

元！我想知道五年後，你們當中有多少人能在銀行或其他一些安全的財產中，擁有一千五百美元。

新英格蘭和其他類似繁榮地區的社會文明，或許更多地依賴於這個國家的儲蓄銀行，而不是任何其他事物。你問新英格蘭的財富在哪裏，它不在百萬富翁手中。它掌握在千千萬萬個普普通通的個人手中，他們將數百或數千美元安全地存放在某個銀行、或幾家銀行裏。你會發現，新英格蘭以及所有繁榮國家的儲蓄銀行裏，都裝滿了窮人的美元，加總起來有數百萬美元之多。

作為一個民族，除非我們學會了節儉儲蓄的習慣，除非我們學會了節省可以節省的每一元錢、每一角錢和每一分錢，否則我們無法挺起胸膛來！

成長之路

　　今晚，我想向你們強調持續成長的重要性。非常希望今晚，你們每個人都可以想像一下，你們勤勞無私、望子成龍的父親和含辛茹苦、慈祥可親的母親，就在這裏慈愛地看着你們，注視着你們在這裏生活的一舉一動。希望你們能夠感覺到他們熟悉的呼吸與心跳；希望你們能意識到，也許以前從未意識到，他們是多麼地渴望你們在這裏取得學業上、品格上、體格上的成功；希望你們能知道，他們日復一日，作出了多少熱切而虔誠的祈禱：巴望你們的學校生涯一天比一天更成功，期待你們能成長為事業有成、好學上進、堅強剛毅的男性與女性，企盼你們將為自己爭得名譽，為家人帶來榮耀，增光添彩。

　　每個人都一定要關心體貼那些為你們感到緊張憂慮的人。他們因為擔心掛念你們在這裏的學校生活會不會成功，而常常忐忑不安、心神不寧。希望你們知難而進、下定決心、破釜沉舟，不僅是為了自己，也是為了那些與你們關係密切、至親摯愛的人，為了那些為你們做的比任何人都多的親人。今年，將會是你們人生當中最為出色精彩的一年！

　　我希望你們能下定決心、義無反顧，在這一年裏付出一生中做過的最勤奮辛勞、最認真誠懇的努力。這將是你們過往人生

中，最偉大宏壯、最勇敢無畏、最純正清白的一年。希望你們下定決心、百折不撓，讓自己不斷成長，明天更比今天進步得多。人生有且只有兩個發展方向：向後退步或向前邁進。你可以變得更為剛強堅毅，也可以變得更為懦弱膽小；可以變得更偉大崇高，或是更渺小卑微。但是，激流勇進，不進則退，你不可能保持原地踏步、紋絲不動。

至於你們的學習與課程，希望你們下定決心、勇往直前。待在這裏的每一天，都要讓自己的功課學得越來越深入、越來越透徹。你們要非常嚴於律己。希望每天早上都能看到你們在朗誦室裏，比前一天更徹底、更認真地準備每一天的學習課程。希望你們下定決心，讓自己更加接近完美，將更多的男子氣概和女性氣質的力量，投入到你們每天準備的功課中。如此一來，你們將會成為更有用的人、更有益於人民和社會的人。希望此後你們會發現自己渴望成長，翹首以盼能展翅高飛；你們會發現自己懂得勞動的崇高與尊嚴。人們必須明白，勞動沒有貴賤高下之分，只有分工的不同。任何形式的勞動都有價值，沒有什麼不光彩，沒有什麼丟人的。否則，社會上任何階層的人都無法站立起來，無法挺住不倒，無法保持強大、發揮作用且受人尊敬。

希望你們明白，用雙手勞動，無論以何種形式，絕不可恥。希望你們每天都明白，各種勞動，無論是用腦還是用手，都是無上光榮的。人們只會因為遊手好閒、好吃懶做而使自己蒙羞。

希望你們在工作中做到認真徹底、勤勤懇懇，今天要比昨天更熱愛你的工作。如果在這諸多方面沒有成長進步，沒有前進就

是在倒退，就是沒有響應建立這所學院的目標，沒有回應父母送你們來這裏學習的目的。

我想強調，希望你們在品格的方向上成長，在品格上每天變得更強大。我在這裏提到「品格」，是在最寬泛的意義上使用這個詞。無論是在教室、商店、田野、餐廳還是臥室，學院都希望你們每天都對自己的同伴更有禮貌，更友好。無論你們身處何方，我們都希望你們發現自己變得更彬彬有禮、具有紳士風度。請注意，我並不僅僅是說希望你們的老師，那些資歷高於你們之上的人，發現你們越來越有禮貌。希望你們能自己察覺到自己為人謙恭有禮、溫和友善。否則，你們便會倒退落後，會走錯方向，誤入歧途。

希望你們每天都更會關心體貼他人，更少一點自私自利。希望你們在思想和工作上更加認真仔細，對他人的責任更加關切重視。這便是朝着正確的方向成長進步。否則的話，就會朝着錯誤的方向發展。絕非僅僅是這一年，或僅僅是在學院這裏的時間，你們才需要為了堅持成長而努力。希望你們將朝着前進的方向，一直堅持持續不斷地成長壯大。

然後，更重要的是，希望你們把這種成長的習慣，這種朝着正確方向成長的天性，和你們一起帶出學院，並將它作為一種善行的影響，傳播到世界上的任何地方。希望你們會將其帶入自己教書的學校，因為你們中的許多人將成為光榮的教師。希望你們在剛開始教書時，以一種謙遜溫和的方式教書育人，而且每年都在這方面成長和進步。我們希望看到你們讓校舍更有吸引力，

令人嚮往。看到你們使與學校和教學有關的一切，變得更優秀美好、更強大穩固。看到你們在自己擔任學校老師的每一年，都讓學校變得更有用，更有益於社區和人民。

同樣地，當你們離開學院工作時，無論將從事哪種工作，我們都希望看到你們在這份工作中成長得更好。希望看到你們在能力上有所進步，總是能獲得更高一些的薪水報酬，你的進步值得雇主為你支付更多的報酬。希望看到無論以何種身份受僱，你們都能夠以誠實認真、勤勤懇懇、聰明機智、吃苦耐勞而美名遠揚。

你們中的一些人要出去建立家園，並在家庭生活中安頓下來。希望看到你們朝着這個方向努力成長。有了一個安頓下來的家園，卻沒有看到這個家裏裏外外變得更加美觀舒適。甚至，非但沒有變得更加美觀舒適，反而由於它受到的關注和愛護越來越少，看到它每年都變得更加污濁不堪、更骯髒齷齪。沒有什麼比看到這個更令人垂頭喪氣、快快不樂的了。

我們希望塔斯基吉的學生從這裏走出去，都能建立起榜樣型的家園，在各個方面都能成為身邊民眾的先鋒典範。這些家園將表明建立它們的人的生活，是附近所有人的學習榜樣。如此這般，你們的生活將不斷向前發展進步。我再強調一遍：你們的人生非此即彼，若非持續不斷地向後倒退，就是持續不斷地向前行進，一往無前！

期末寄語

　　我們的又一個學年臨近結束了。你們中的一些人，將從我們中間出去，不再返回學院。其他人將回家過暑假，並在暑假結束時，返回開始下一個學年。

　　在你們即將走出校門的這一時刻，我想特別地提醒你們一件事。不要因為你們一直在上學，回家時就覺得自己比社區的其他人高人一等。不要因為認為父母懂得的並不如你懂得的多，到家了就為他們感到羞恥。不要認為自己優秀得太多了，就不去幫助他們。如果回家後為父母感到羞恥，或不願意幫助他們，那你們還不如從來不曾接受過任何教育。

　　讓我告訴你們一件我所知道的，最令人歡欣鼓舞和最能給人以幫助的事情，這與我們的學生離開這所學院後的生活有關。當時我在南方的一個城市，到處探訪我們同胞的家庭。這些家庭中，我注意到有一家看起來非常整潔美觀，非常引人注目。便問和我同行的人：「這家房子怎麼這麼好，看起來比附近的其他一些房子好得多？」陪同我的人回答說：「確實如此。住在那裏的人家有一個兒子，他們自己做出許多犧牲，把兒子送到你們學院讀書。這個年輕人幾個星期前從學院回家了。他回來後有一段時間沒有什麼工作要忙，所以利用業餘時間，來修繕父母的房子。

他仔仔細細修好了屋頂和煙囪，在柵欄破漏之處裝上新的木欄以及諸如此類的事。然後他買了一堆油漆，從頭到尾徹底粉刷了房子，裏裏外外刷了兩層，讓它煥然一新。這就是他們家看起來如此整潔美觀的原因。」

能夠親眼見證這些，令我頗感欣慰，並受益匪淺。這表明學生們從學院這裏，帶出去了我們一直以來諄諄教誨、殷切期盼的精神。

另外再説一點：回家後要過簡樸儉省的生活。不要給人留下印象，好像你認為教育便意味着淺薄無知和衣着花裏胡哨。

要講禮貌。無論對於白人和有色人種，都要彬彬有禮。通過注意這一點，你們有可能為建立和維護南方兩個種族之間的愉快關係，做很多事情。試着在這方面表現得彬彬有禮，這樣人們會注意到你們，並詢問你們去過哪裏，在哪所學校學會了表現得如此有禮貌、守規矩。你們會發現禮貌非常重要，不僅可以幫助自己找到工作，還可以幫助你們保住工作。

不要恥於去教堂和主日學校，去基督教青年協會和基督教奮進協會。要態度鮮明，教育只會加深你們對這些事物的興趣。不要走回頭路，要堅定不移地朝目標前進。在你們的為人處事、言語措辭和思想信念中，保持纖塵不染、純潔無瑕。

在學年結束的最後幾天，如果可能的話，再次強調我們學院的立場似乎再合適不過。我們想讓每個學生，都得到我們所擁有的，也許我們有點兒小小的自誇，所謂的「塔斯基吉精神」。也就是説，要牢牢掌握我們這所學院的精神，深刻領會它所代表的

內涵。然後儘可能廣泛地傳播這一精神，並儘可能深地讓它紮根發芽，蓬勃生長。

除了我們畢業班的學生外，我們每年都有大量的學生外出度假。其中一些，將在假期結束時返回，但有些同學則由於種種原因不會返校。不管你是否畢業出去，不管你是出去後回來還是不回來，重要的是大家要掌握並傳承「塔斯基吉精神」——奉獻自己，以便你可以幫助提升他人的精神。無論程度有多麼地微不足道，都要保證你在幫助別人。

現在，經過多年的經驗積累之後，學院覺得它已經達到了一個程度，可以憑藉一定的權威，就你們度過一生的最佳方式，提供一些建議。

首先，關於你們的地點，你們將工作的地方。我非常希望從塔斯基吉出去的大部分學生，能選擇鄉村地區作為自己的工作地點，而不是大城市。一方面，你們會發現與城鎮，尤其是鄉村地區相比，越大的地方就有越多的工人和幫工尋找工作機會。城市裏有更好的教堂和學校，有各種各樣的能讓人提升的東西；但與此同時，那裏更容易滋生大量的讓人墮落的東西。即便不提後面那個事實，目前為止，大部分需要幫助的人都住在鄉村地區。我認為人口普查報告將顯示，我們同胞的百分之八十，將會出現在鄉村和小城鎮的統計中。所以，我建議你們奔赴鄉村和城鎮，而不是去城市。

其次，關於工作態度。正如我之前所說，首先你們必須下定決心自己將做出一些犧牲，自己將會以無私的方式度過這一生，

以便你們可以幫助他人。走出校門之後，當你們遇到反對與阻撓時，當你們遇到需要克服的障礙時，要有一股絕不灰心、越挫越勇的精神。你們必須要有這樣的決心，無論從事什麼事業，都會成功。

　　我不想就應該從事的工作種類，給你們具體的建議。但總的來說，我相信，如果選擇一所鄉村學校作為自己的工作重心，你們可以完成更多的美好目標。也許在接下來的五十年裏，這對南方都是大好事。選擇一個一年只能開放三個月的學校，逐漸讓社區的民眾意識到需要一所開放時間更長的學校。讓他們給三個月往上增加一個月，然後再增加一個月，直到達到一年能開學六、七個月，或八個月。接着讓他們意識到，建造一個合適像樣的校舍、離開只有一間小木屋的校舍，擁有合適、完備的教學設施是非常重要的。

　　有兩件事你們必須牢記在心：建造一個合適的校舍，與此同時，激發出人們支持你努力的熱忱。為了做到這一點，你們必須帶着至少在那裏待上一段時間的想法，進入鄉村。把自己紮根在社區，過節儉簡樸的生活，年復一年。設法為自己購買土地，在上面建起一個美觀舒適的家。你會發現，在那兒待的時間越長，人們就越會對你有信心，他們也會越發地尊重和敬愛你。

　　我發現我們的許多畢業生都通過與學院相關的農場，出色地完成了工作。對於許多沒有畢業就離開我們學院的學生來說，也是如此。我記得有這麼一個人，他已經在本州的一個縣教書七八年了，成功地將學校的學年延長到八個月。他有了一個美觀大方

的房屋，裏面有四個房間，還擁有一個美麗的四十英畝大的農場。此君正在將「塔斯基吉精神」付諸實踐，發揚光大。

你們中的一些人可以通過致力於農業，而不是任何其他行業，來獲得更好的優勢。我特別談到農業，因為相信它是我們為建設未來必須打造的強大基礎。我們種族已經奠定了農業的基礎，而我們在這方面的價值，也將獲得相應程度的認可。在整個南方，我們可以通過農業，以自由、開放的方式掙得財產、建造房屋，這是我們在任何其他行業都無法做到的。在農耕中，就像在教學中一樣，無論走到哪裏，都要記得秉承和發揚「塔斯基吉精神」。

我希望男孩子們離開學院後，去做 N·E·亨利先生正在做的事情；我希望女孩們離開學院後，能夠做安娜·戴維斯小姐和莉齊·賴特小姐正在從事的工作。希望你們到鄉村地區去建立學校。我不建議你們一開始過於雄心勃勃、壯志凌雲。要願意從微薄的薪水開始，逐步提高自己的水平。萬事開頭難。我想起了一個年輕小伙兒，他最初在學校教書，每月只有五美元工資。另一個人則是在一棵樹下，開始因陋就簡的露天教學。

我也希望你們本着心胸開闊的精神，對待自己所接觸的白人。這是一件非常重要的事情。我這樣說，並不是要你們去放低你們的男子氣概或人格尊嚴。而是以一種具有男子氣概的方式，以一種坦誠直率和光明正大的方式，去向白人表明，你們所屬的種族不是可以被輕視的。很多人都可能會擁有偏見與歧視，但你們及與你們一起工作的人不應該有這些偏見與歧視。如果可以向

白人伸出援助之手，那麼請這麼做，就要像你們幫助黑人同胞一樣的樂意與愉快。

在上帝眼裏，眾生平等，沒有膚色界線。我們要培養一種公平公正的精神，忘記任何地方有這樣的分界線與分別心。我們希望，我們比那些因為我們的膚色而壓迫我們的人，更寬宏大度、更胸懷廣闊、更豁達直爽。

沒有人會因為成為紳士或淑女，而有任何損失。沒有人會因為心胸開闊而吃虧賠本。請記住，如果我們善良仁慈、益國利民、品德高尚，如果我們走出校門，實踐出這些優秀特質，那麼無論別人怎麼挑剔指責，他們都無法擊垮我們。但是反過來說，如果我們沒有益國利民的精神，如果我們道德淪喪、小氣吝嗇、一毛不拔，又身無分文，毫無經濟基礎和財產基礎，不具備使一個民族和國家變大變強的所有優良品質。那麼，無論我們怎樣標榜吹噓自己，無論其他人如何對我們品頭論足，我們都會失去我們的優勢。無人能僅僅通過口頭讚美頌揚、對我們大唱讚歌來賦予我們這些優秀品質。當我們擁有這些優秀品格時，也無人能通過對我們的造謠中傷、惡意誹謗，來搶走它們。

三十七夜
美國傳奇校長布克・華盛頓的人生箴言

布克・華盛頓　著

肖王琰　饒春平　譯

責任編輯　李茜娜　洪麗華
插　　圖　肖王琰
裝幀設計　鄭喆儀
排　　版　黎　浪
印　　務　劉漢舉

出版　　開明書店
　　　　香港北角英皇道 499 號北角工業大廈一樓 B
　　　　電話：（852）2137 2338　　傳真：（852）2713 8202
　　　　電子郵件：info@chunghwabook.com.hk
　　　　網址：http://www.chunghwabook.com.hk

發行　　香港聯合書刊物流有限公司
　　　　香港新界荃灣德士古道 220-248 號
　　　　荃灣工業中心 16 樓
　　　　電話：（852）2150 2100　　傳真：（852）2407 3062
　　　　電子郵件：info@suplogistics.com.hk

印刷　　美雅印刷製本有限公司
　　　　香港觀塘榮業街 6 號 海濱工業大廈 4 樓 A 室

版次　　2023 年 7 月初版
　　　　© 2023 開明書店

規格　　16 開（210mm×145mm）

ISBN　　978-962-459-297-9